L'ESPRIT DE LA COUTUME DE NORMANDIE:

AVEC

UN RECUEIL D'ARRETS NOTABLES du même Parlement.

SECONDE ET NOUVELLE EDITION,

Augmentée d'Edits, Arrêts & Réglemens, concernant les Bénéficiers, & les Dîmes.

A ROUEN,

Chez ANTOINE MAURRY Imprimeur ordinaire du Roy, au coin de la ruë Neuve S. Lo, à l'Imprimerie du Louvre.

M. DCCI.

AVEC PRIVILEGE DE SA MAJESTE'.

AVIS AU LECTEUR.

LA lecture de cet Ouvrage que nous mettons au jour, s'attirera sans doute autant d'Aprobateurs, qu'il y en aura qui en prendront la lecture; On le trouvera d'une grande utilité, non seulement pour ceux qui s'engagent à soûtenir & défendre les affaires d'autrui, mais encore à ceux qui pour la conservation de leurs intérêts, sont dans la necessité de demander aux Juges ordinaires la justice qu'ils ne peuvent pas obtenir de leurs Parties par les voyes de la douceur; Il conduira les uns & les autres dans l'instruction de la Procedure & du fond des affaires, où le plus souvent une fausse démarche est d'une périlleuse consequence: C'est le fruit des veilles & de l'experience d'un Auteur consommé dans l'intelligence du Texte de la Coûtume & des Usages de Normandie. Celui qui l'a composé, ne l'a pas fait imprimer de son vivant, parce qu'il vivoit assez sans le secours de son Ouvrage; Mais comme les plus grands Hommes, aprés leur mort, ont besoin de quelques Monumens pour conserver leur mémoire dans la posterité, ses Heritiers lui auroient fait une injustice de suprimer une preuve si éclatante de son merite & de sa capacité: Ils ont fait voir ce Commentaire à des personnes expérimentées en ces sortes de matieres, qui en ont rendu un jugement fort avantageux, & qui l'ont crû digne de l'impression: Ils nous ont mis l'Original entre les mains; & nous sommes persuadez par l'empressement d'un grand nombre de personnes de Robe, depuis les premieres jusqu'aux moindres dignitez, amateurs du bien public, que nôtre travail aura le succez que nous en attendons. L'Intitulement du Livre en exprime parfaitement bien la qualité, puisque c'est effectivement L'ESPRIT DE LA COÛTUME DE NORMANDIE; & qu'il fait connoître par des explications nettes, succinctes, & solides, quel est le sens & l'intention de la Coûtume, jusques dans les endroits les plus difficiles & les plus obscurs; fournissant même jusqu'aux Formulaires, pour en rendre la pratique plus aisée & plus familiere. Il semble qu'aprés les amples & riches Commentaires qui ont été faits sur cette Coûtume ; & sur tout aprés celui de Me Henry Basnage qui excelloit en doctrine & en solidité, il n'y auroit plus rien à ajoûter ; cependant on ne laissera pas de trouver dans celui-ci l'agrément de la nouveauté, par une métode plus courte & toute differente, non seulement pour s'instruire dans l'intelligence de la Coûtume, mais encore pour la mettre en pratique. Nous y avons ajoûté pour plus grande satisfaction du Public, plusieurs Arrêts & Décisions notables de ce Parlement, dont les especes & les raisons de part & d'autre sont recueïllies avec toute l'exactitude & la netteté que l'on peut souhaiter : Ouvrage d'autant plus à estimer, que ce genre d'écrire n'a point encore été suivi dans ce Parlement, quoiqu'il semble l'avoir été dans tous les autres Parlemens du Royaume : S'il est bien reçû, on encouragera sans doute ceux qui ont fait cette premiere tentative, à continuer un travail extrémement utile, non seulement pour cette Province en particulier, mais en général pour tous les autres Tribunaux, où l'on a besoin de savoir les Maximes de Normandie, pour y décider les Questions que le Conseil y renvoye, & qui ordinairement sont les plus importantes.

Et comme les Exemplaires de la premiere Impression de cet Ouvrage se sont distribuez en peu de tems, on a crû faire plaisir au Public d'ajoûter dans cette nouvelle Edition un Recueïl d'Edits, Déclarations, & Arrêts rendus en faveur des Curez, Vicaires Perpetuels, Vicaires Amovibles, Chanoines & autres Bénéficiers ; concernant aussi les Dîmes Grosses, Vertes, Menuës, Novales, Prémices, Champarts, &c. dautant qu'il arrive des contestations entre les Curez & les Paroissiens, & que ces Matieres se traitent tous les jours dans le Bareau.

TABLE

DES TITRES DE L'ESPRIT de la Coûtume de Normandie.

EXTRAIT DU PRIVILEGE DU ROY.

PAr Grace & Privilege de SA MAJESTÉ, donné à Paris le 22. Janvier 1689. Signé par le Roy en son Conseil, BOUCHER, & scellé du grand Sceau de cire jaune : Il est permis à PIERRE FERRAND nôtre Imprimeur ordinaire en nôtre Ville de Roüen, d'imprimer, faire imprimer, vendre & debiter le Livre intitulé, *l'Esprit ou l'Abregé de la Coûtume de Normandie*, & ce en telle marge & caractere, & autant de fois que bon lui semblera pendant le tems & espace de huit années, à compter du jour qu'il sera achevé d'imprimer pour la premiere fois ; avec défenses à tous autres Imprimeurs & Libraires d'imprimer, faire imprimer, vendre & distribuer ledit Livre en tout ou partie sous quelque prétexte que ce soit, sans le consentement dudit Ferrand, à peine de quinze cens livres d'amende, confiscation des Exemplaires contrefaits, & de tous dépens, dommages & interêts, ainsi qu'il est plus au long porté dans ledit Privilege.

Registré sur le Livre de la Communauté des Imprimeurs-Libraires de Paris le 27. Janvier 1689. Signé, J. B. COIGNARD, Sindic.

Les Exemplaires ont été fournis.

L'ESPRIT DE LA COUTUME DE NORMANDIE.

LA Coûtume eſt cette partie du Droit Civil, que l'on apelle Droit non écrit; Elle ſe définit en uſage obſervé pendant un long eſpace de tems par le Peuple.

Autrefois les Coûtumes de Normandie n'étoient pas rédigées par écrit; & lorſque l'on diſconvenoit de leur uſage, il faloit les vérifier par dix Praticiens : mais pour éviter cette peine, on les fit rédiger par écrit ſous Charles VII.

Quand la Coûtume de Normandie fut rédigée par écrit, on remarqua qu'il y avoit beaucoup d'erreurs, car les enfans pour lors n'avoient point de Tiers-Coûtumier : de plus, quand les preuves manquoient aux Parties, elles terminoient leur diferent par un combat ; ce qui obligea les Etats de Normandie de s'assembler en 1583. & de réformer la Coûtume en l'état où nous l'avons à present.

En 1600. on réforma le Titre des Decrets.

Le sixiéme Avril 1666. la Cour fit un Réglement composé de cent cinquante-deux Articles, en interpretation de la Coûtume, que l'on apelle, Articles Placitez.

Au mois de Janvier 1673. la Cour a fait un autre Réglement en quatre-vingt Articles sur le fait des Tutelles.

Dans la Coûtume, il y a vingt-cinq Titres, en comptant les Usages Locaux, & six cens vingt-trois Articles.

TITRE PREMIER.

DE JURISDICTION.

CE Titre est necessaire ; car tout homme qui veut plaider, doit auparavant connoître quel est le Juge competent, & qui peut connoître du Procez qu'il veut commencer, car autrement tout ce qu'il feroit seroit nul ; le pouvoir des Juges étant limité par le Roi à de certaines competences sur lesquelles ils ne peuvent passer outre.

La Jurisdiction se définit un pouvoir établi par le Public, c'est à dire par le Roi avec necessité de juger. Le terme de necessité force tous les Ministres de Justice à faire leur devoir, autrement on les prend à partie, & on apelle à déni de Justice.

Dans la Jurisdiction il y a deux choses à considerer, la Competence & le Territoire. Par la Competence on entend les Causes dont le Juge peut connoître ; & par le Territoire, l'étenduë du Païs où il exerce sa Jurisdiction : car hors son Territoire il n'a plus de pouvoir, s'il n'est Commissaire de la Cour ou du Conseil, ou prié par un autre Juge.

Le Territoire est composé de Sergenteries, & les Sergenteries ſont compoſées de Villes, de Bourgs & de Paroiſſes.

La Juriſdiction ſe diviſe en Juriſdiction Roïale, & en Juriſdiction Seigneuriale.

La Juriſdiction Roïale s'exerce par le Bailli ou par le Vicomte.

Le Bailli, que l'on apelle ordinairement gardien ou protecteur du Peuple, avoit autrefois l'exercice des Armes & de la Juſtice. On lui a laiſſé celui des Armes, la conduite de l'Arriere-Ban, & la ſéance de la Juriſdiction ſans prononcer : mais pour l'exercice de la Juſtice, on lui a donné deux Lieutenans, le Lieutenant Criminel & le Lieutenant Civil.

Le Lieutenant Criminel connoît de tous crimes en premiere inſtance ; il reçoit la plainte, informe, decrete, interroge, recole, confronte, & juge en premiere inſtance, c'eſt à dire, qu'il eſt naturellement competent de connoître de tous les crimes : Neanmoins quand on commet un crime devant un autre Juge, lorſqu'il tient ſa Juriſdiction, ou que les Parties ſont en procez devant lui, il en peut connoître incidenment.

Il connoît des ſimples injures, il gage les Tréves, quoique tout Juge ſoit competent pour cet éfet, & qu'en Tréves il n'y ait ni répi, ni delai. Il connoît des Tréves enfreintes, quoiqu'on puiſſe ſe pourvoir devant le Juge qui les a fait gâgner.

Il connoît des Sauvegardes, & des Sauvegardes enfreintes.

On ne peut lever ſans ſa permiſſion le corps ou le cadavre d'un Homicidé.

Il connoît auſſi de l'enterinement des Lettres de grace, remiſſion & pardon, des Lettres pour eſter à Droit ; & c'eſt devant lui qu'on purge la memoire d'un Condamné qui eſt mort.

Le Lieutenant Civil du Bailli connoît de toutes Matieres Hereditaires, ſoit réelles & mixtes, ſoit pour Fonds Noble, ou quand un Roturier plaide contre un Noble, & de leurs apartenances entre toutes perſonnes, ſoit Nobles ou Roturieres.

Il connoît des Matieres Beneficiales, du Poſſeſſoire des Benefices, & de la Police exterieure de l'Egliſe, comme pour régler les heures de la celebration du Service Divin, des Matieres Décimales, du Patronage de l'Egliſe, de Clameur de Loi aparente, & de Clameur révocatoire.

La Clameur révocatoire (elle ſe fait dans les dix ans) eſt un moïen pour ſe faire reſtituer contre un Contrat dans lequel l'on a été trompé par force, par dol ou par ignorance, & où l'on a ſoûfert de la perte ; ce qui s'apelle en Droit, *Restitution en entier*, que nous apellons Lettres de relevement ou relief, qui s'obtiennent à la Chancellerie à Roüen, & s'adressent au Lieutenant Civil du Bailli pour les enteriner, mais incidenment les autres Juges en peuvent connoître. La Coûtume l'apelle la Clameur révocatoire, parce que le Roi qui acorde ses Lettres de Justice, révoque & annulle la signature du Contrat qui obligeoit celui qui se plaint, afin de le remettre en l'état qu'il étoit avant l'obligation où il s'est engagé.

Le fondement de la Clameur révocatoire est établi sur la violence qui ôte la liberté aux Contractans, sur le dol qui les surprend, & sur leur fragilité qui les laisse tromper.

Mais dans le dol, il faut considerer qu'il y a un dol réel, & un dol personnel. Le premier n'annulle pas le Contrat, parce qu'il sufit de desinteresser celui qui se plaint, en lui païant la juste valeur de la chose dont il s'agit, & il est fondé sur l'ignorance, ou sur la fragilité de celui qui a vendu son bien à vil prix ; si bien qu'en supléant ou quitant le fonds, l'afaire est finie.

Le dol personnel, qui procede de la violence ou de la malice de l'un des Contractans, détruit entierement le Contrat.

Les Lieutenans Civils des Baillis sont les Chefs de la Maison de Ville, les Juges de la Police, & reçoivent tous les Oficiers de Justice. Ils reçoivent les Paquets du Roi ; & dans les Feux de joïe, ils sont les premiers qui y mettent le feu.

Le Bailli connoît des Privileges Roïaux, c'est à dire des actions de certaines personnes publiques, ausquelles le Roi donne des privileges, comme des actions personnelles des Prêtres, quand il s'agit de païer leurs salaires pour la celebration du Service Divin, des actions intentées par les Medecins, Chirurgiens & Apoticaires pour leurs salaires & vacations, & pour l'établissement de la qualité des Gentilshommes quand il y a contestation.

Il connoît de nouvelle dessaisine, comme quand un homme agit contre celui qui a usurpé son fonds depuis an & jour pour en recouvrer la possession ; ce que nous apelons en Droit, *Interdit de recouvrement de possession.*

Il connoît aussi de Mariage encombré : il connoît encor de Surdemande, lorsqu'un Seigneur demande, & son Vassal opose.

Il connoît du debat de tenure, quand la tenure d'une même Terre est prétenduë par deux diferens Seigneurs.

Il connoît des Lettres d'enterinement du benefice d'inventaire, des Lettres de ſeparation & de divorce, de répi, & des Apellations interjetées des Sentences des Vicomtes, & des Oficiers des Seigneurs.

Il eſt vrai toutefois que quand il s'agit de crimes dont le Vicomte connoît incidenment, d'incompetence ou du Domaine du Roi, les Apellations des Sentences du Vicomte ſe relevent directement à la Cour, *omiſſo medio*, & ſans aller au Bailliage.

Enfin le Bailli connoît des Lettres de mixtion, en vertu deſquelles on peut decreter deux Terres ſituées en deux Vicomtez diferentes ſous un même Bailliage, pour éviter la multiplicité des decrets, qui conſumeroient en frais le Decreté & les Creanciers : Mais ſi les Terres ſont ſituées ſous deux diferens Bailliages, il faut avoir un Arreſt de la Cour pour les faire decreter devant un ſeul & même Juge ; & ſi elles ſont ſous le reſſort de deux Parlemens diferens, il faut avoir un Arreſt du Conſeil, *ubi major pars.*

La veritable Juriſdiction du Bailli eſt l'Aſſiſe qui ſe tient de ſix ſemaines en ſix ſemaines, pendant laquelle toutes les autres Juriſdictions ceſſent, & où l'on juge des Decrets & des Clameurs des Terres Nobles: C'eſt-là qu'on inſinuë les donations & les avancemens de ſucceſſion, afin qu'elles ſoient notoires à un chacun.

Il y en a deux ſolennelles, que l'on apelle Sinodales, ou Mercuriales, qui ſe tiennent aprés la S. Michel & aprés Pâques, où le Vicomte & tous les Oficiers doivent comparoître, pour être preſens à la lecture des Ordonnances qui s'y doit faire, & pour y prêter ſerment : où les Huiſſiers, Sergens & Tabellions doivent repreſenter leurs Regiſtres, afin que tous les feüillets en ſoient comtez, & contre-marquez, & les blancs barrez pour empêcher les fauſſetez & les antidates.

Le Vicomte ou ſon Lieutenant, connoît des Clameurs de Haro civilement intentées entre Roturiers, de Clameurs de Gages-pléges pour choſe roturiere, que nous apelons en Droit, *Interdit conſervant poſſeſſion.* d'interdits entre Roturiers, dont on entend les défenſes faites aux Parties de rien atenter, ni faire de nouveau que le Juge n'ait eu la connoiſſance de leurs diferens de vente & d'engagemens de biens que nous apelons en Droit, *Actio pignoratitia*, c'eſt à dire, action pour gages baillés, d'arrêts, d'executions, de matiere de Nams, & des opoſitions qui ſe font ſur leſdits Nams, dations de Tutelles & de Curatelles de Mineurs, de faire faire les Inventaires de leurs biens, d'oüir les comtes de leurs Tuteurs & Adminiſtrateurs, de ventes de biens desdits meubles, de partages de Successions, & de toutes actions personnelles, réelles & mixtes en possession & proprieté; ensemble de toute matiere de simple deresne entre Roturiers, & de choses roturieres.

La Coûtume pouroit trancher tout cela en trois mots, en disant que comme le Bailli connoît de toutes actions personnelles, réelles, & mixtes, entre Nobles & contre Nobles, de même ledit Vicomte connoît de toutes actions entre Roturiers. Car tout ce que nous avons dit ci-dessus du Vicomte, sont actions personnelles, réelles ou mixtes.

La connoissance des Decrets, Criées, Bannissemens, Interpositions, & Adjudications des Terres roturieres apartient au Vicomte, aussi-bien que des opositions qui se forment contre lesdits Decrets entre Nobles & Roturiers pour quelques dettes que ce soient.

Il connoît aussi des Lettres de mixtion, quand les Terres decretées sont situées en deux diverses Sergenteries dont les Pleds se tiennent à jours diferens, ou quand partie des Terres decretées sont situées dans une Haute-Justice, enclavée dans la même Vicomté d'ancienne création. Il connoît encor des Lettres de mixtion, quand partie des Terres sont situées dans les Vicomtez démembrées.

Le Vicomte doit faire paver les ruës, reparer les chemins, ponts, passages, & faire tenir le cours des eaux en leur ancien état.

Sa Jurisdiction s'apelle Pleds, qu'il doit tenir de quinzaine en quinzaine pour les Pleds d'Heritages; & de huitaine en huitaine pour les Pleds de Meubles. Les Pleds d'Heritages ne se peuvent jamais avancer, mais ils se peuvent retarder : pour les Pleds de Meubles, ils se peuvent reculer ou avancer à la volonté du Juge.

Le Vicomte en tenant ses Pleds peut s'enquerir & informer de tous crimes, pour l'information faite être jugée par le Lieutenant Criminel du Bailli, & le Vicomte incidenment peut connoître de tout crime.

Tous Juges tant Roïaux que Subalternes, c'est à dire de Seigneurs, sont sujets & tenus de juger par l'avis & opinion de l'Assistance, parce que les sufrages sont comtez & non pas pesez, à moins que les Juges n'opinassent directement contre l'Ordonnance ou la Coûtume.

Le Vicomte connoît du Domaine & de l'Adjudication des Fermes d'icelui qui se passe dans sa Jurisdiction. Il faut aussi remarquer que les

Baillis réglent le tems de la Meſſion que les autres Juges doivent ſuivre, parce que pendant ce tems il n'y a aucun Procez que pour des matieres ſommaires qui requierent celerité, ceux qui ſont ocupez à recolte ne devans être citez en jugement. La Meſſion commence ordinairement le premier Août, & finit le dernier Septembre. Au Parlement elle commence ordinairement deux Bailliages faits aprés le jour de la Trinité, & par conſequent douze ſemaines; car chaque Bailliage contient ſix ſemaines. La Chambre des Vacations ouvre le neuviéme jour de Septembre, & finit le dixiéme de Novembre.

La Juriſdiction de Seigneur eſt une dignité ou un privilege que le Roi a donné aux Seigneurs en leur acordant leurs Fiefs.

Il y en a de trois ſortes, la Haute, Moïenne & Baſſe-Juſtice.

Le Haut-Juſticier fait exercer ſa Juriſdiction par un Bailli, par un Procureur Fiſcal, un Gréfier ou Sergent, & par un Tabellion.

Sa Juriſdiction eſt réglée comme celle du Vicomte.

Il dépend de la Cour ou du Bailli : quand il dépend de la Cour, l'apel des Sentences va droit à la Cour. Il tient ſes Aſſiſes où il doit contremarquer les Regiſtres de ſes Tabellions & Sergens deux fois par an.

Le Bailli du Haut-Juſticier connoît de tous les crimes, même commis dans les grans chemins, hormis des cas Roïaux qui ſont crimes de leze-Majeſté, ſedition populaire, port d'armes, fabrication de fauſſe Monoïe ou des Sçeaux.

Les Hauts-Juſticiers connoiſſent de toutes matieres réelles, perſonnelles, mixtes, dans l'étenduë de leur Territoire, à la reſerve des matieres beneficiales qui ſont de la competence du Juge Roïal, parce que le Roi qui eſt le protecteur de toutes les Egliſes de ſon Roïaume, ne veut pas que d'autres que ſes Juges connoiſſent des Procez où l'Egliſe eſt intereſſée. Il doit faire les frais du Procez où il n'y a que le Procureur Fiſcal partie. Mais en ce cas, les Juges non plus que les Juges Roïaux ne peuvent faire aucune taxe pour l'inſtruction & jugement deſdits Procez. Et quand il y auroit Partie civile, le Roi & le Haut-Juſticier ſont obligez d'avancer les frais de la conduite des Priſonniers, ſauf le recours ſur la Partie civile, & ſauf le recours de la Partie civile ſur l'Acuſé aprés la Sentence de condamnation ſeulement.

Quand le Vaſſal d'un Haut-Juſticier eſt aſſigné devant le Juge Roïal, il ne peut pas demander ſon renvoi devant le Haut-Juſticier, parce qu'étant ſujet du Roi, il eſt naturellement ſon Juriſdiciable: mais le Procureur Fiſcal de la Haute-Juſtice peut venir demander le renvoi de la Cauſe en perſonne ou par procuration; & ne peut pas uſer de défenſes à l'encontre deſdits Juges Roïaux, ni des ſujets du Roi, parce qu'un ſemblable n'a point de pouvoir ſur ſon ſemblable, & beaucoup moins un inferieur ſur ſon ſuperieur.

Les Hauts-Juſticiers ne peuvent tenir leur Juriſdiction dans le tems que l'on tient la Juriſdiction Roïale, & doivent ſe régler au termement de la Meſſion qui eſt faite par le Bailli; car s'ils dépendent de la Cour, ils doivent leur comparence au jour de l'ouverture du Bailliage où ils ſont enclavez; & s'ils dépendent des Baillis, ils doivent comparoître aux Aſſiſes Sinodales ou Mercuriales, comme les Juriſdictions ſont, *Patri*[illegible] ou hereditaires. Les Sergens Roïaux ne peuvent aller dépoüiller, ni faire des Exploits dans la Juſtice des Hauts-Juſticiers non plus que les Huiſſiers, s'ils n'y alloient en vertu de Commiſſion des Juges Roïaux pour les dettes du Roi, pour cas de Souveraineté, ou pour choſes où il y auroit éminent peril; cependant le Bailli des Hauts-Juſticiers ne peut pas connoître de leurs actions; mais s'ils commettent quelqu'abus, ils pouront s'en plaindre au plus proche Bailli Roïal qui leur en fera juſtice.

Les Hauts-Juſticiers peuvent demander juſques à vingt-neuf années d'arrerages de rentes Seigneuriales qui leur ſont dûës; mais l'apretiation s'en fait ſur celle qui eſt au Gréfe du Bailli Roïal.

Ils peuvent donner tréve entre leurs ſujets. Ils connoiſſent de Poids, Meſures, s'ils ne ſont pas prévenus par les Juges Roïaux.

Ils connoiſſent de debat de tenure, pourvû qu'ils n'y ſoient pas intereſſez; car il n'y a que le Roi qui puiſſe plaider devant ſes Juges, mais ils ne peuvent connoître de Lettres de Remiſſion, de Répi & de Ceſſion.

La Moïenne & Baſſe-Juſtice s'exerce par les Senéchaux. Un Senéchal eſt un homme verſé dans les Siences..

Il doit être licentié aux Loix, & reçû Avocat au Siege Roïal d'où dépend ſa Juriſdiction, ou bien à la Cour ou au Grand Conſeil.

Le moïen Juſticier connoît de toutes choſes qui ſont de la compeтence du Bas-Juſticier; mais outre cela il connoît des actions perſonnelles entre Vaſſaux & moïens Juſticiers, & des crimes commis en la moïenne Juſtice, pourvû qu'ils puiſſent rendre le Procez inſtruit dans douze heures.

Les

Les Bas-Justiciers exercent leur Jurisdiction par leurs Senéchaux. Ceux qui ont droit de Foires & de Marchés, peuvent prendre connoissance des mesures de Boire & de Blé, s'ils les trouvent fausses en leur Fief, avant que la Justice Roïale y mette la main.

Ils ont aussi la connoissance du bruit de Marché, comme quand on fait quelque violence dans leur Marché, ils en peuvent connoître & en lever l'amende, pourvû qu'il n'y ait ni sang ni plaïe.

Le Senéchal connoît du parc brisé, des excez faits aux Prevôts qui sont les Sergens des Seigneurs, & peuvent mettre les prix aux Vins & autres Boissons, & condamner à l'amende ceux qui contreviennent.

Le Senéchal tient une fois l'année le Gage-plége du Seigneur, & il peut tenir ses Pleds toutes les quinzaines.

Le Gage-plége se peut tenir depuis le premier d'Octobre, jusques au quinziéme de Juillet, & dans le Gage-plége le Vassal doit comparoître pour déclarer les rentes qu'il doit au Seigneur, & les Terres qu'il tient de lui, pour établir un Prevôt, & pour afirmer s'il a vendu ou aquis, fieffé ou échangé : Le Seigneur fait tenir ses Pleds de quinzaine en quinzaine, dans lesquels il connoît des rentes connuës, c'est à dire, qui ne sont point contestées au principal ; mais pour régler ce qu'un chacun en doit païer, il y fait rendre les Aveux & déclarations, & connoît des blâmes des Aveux.

Il connoît de la division des Terres, & de la mesure entre les Seigneurs & leurs Vassaux pour la vérification de leurs Aveux, mais entre les Vassaux c'est le Juge Roïal.

Les Bas-Justiciers outre leur Senéchal exercent leur Jurisdiction par un Gréfier & par un Prevôt : Le Prevôt est celui qui fait vuider les rentes, & qui doit avoir pour cet éfet une Commission du Senéchal, il fait toutes les Assignations, tant pour le Seigneur que pour les Vassaux.

Il y a deux sortes de Prevôtez : La Prevôté tournoïante, & la Prevôté receveuse. La premiere se fait par le rang des hommes & par l'âge, c'est à dire, que le plus ancien doit servir au préjudice du plus jeune ; & si le plus jeune étoit nommé Prevôt, il pouroit se jetter sur le plus ancien, & le faire entrer en sa place, celui-ci est seulement obligé de faire vuider les rentes du Seigneur : Mais la Prevôté receveuse oblige le Vassal de recevoir les rentes du Seigneur, & d'en faire les deniers bons.

Les Seigneurs peuvent faire arêter prisonniers leurs Prevôts, Receveurs & Mniers un mois aprés leurs charges expirées pour leur faire rendre comte, & jusques à ce les retenir prisonniers, à moins qu'ils ne baillent caution d'y satisfaire : Mais les Bas-Justiciers ne les peuvent tenir dans leurs Prisons que vingt-quatre heures, & les envoïer aprés dans les Prisons du Roi, ou du Haut-Justicier.

Les Bas-Justiciers ne peuvent demander que trois années de leurs rentes Seigneuriales, s'il n'y a comte, obligation ou condamnation, ou qu'il n'aparoisse de la premiere fiéfe par generale hipoteque ; mais comme les rentes marquent autant le respect que le Vassal doit au Seigneur, comme l'utilité qui lui en revient, le Seigneur peut faire condamner le Vassal à 18 sols 1 den. d'amende, & non plus, à faute de rentes non païées. Mais il n'a pas l'ouverture de demander cette amende qu'il n'ait declaré à l'issuë de la Messe Paroissiale, que son Grenier est ouvert pour recevoir les rentes en grain du jour qu'elles lui sont dûës, & il doit avoir pour cet éfet un Etalon de la mesure, jauge & marque du Jaugeur Roïal dont les Seigneurs & Vassaux doivent convenir. Un mois aprés le fermement de l'ouverture du Grenier, le Seigneur peut faire tenir ses Pleds, & faire condamner à l'amende ceux qui ne l'auront pas païé.

Le Vassal peut obliger le Seigneur de recevoir en essence les rentes qu'il lui doit ; & s'il en fait refus, le Vassal peut s'adresser au Juge Roïal pour avoir Acte de son ofre, presence du Senéchal du Seigneur ; ensuite dequoi il est en sa liberté ou de lui païer en essence, ou d'en païer l'estimation sur le prix de ce qu'elles valoient au tems de l'ofre qui en a été faite.

Les Bas-Justiciers ne peuvent exercer de Justice hors leurs Fiefs, ni contre les personnes qui ne sont point leurs Vassaux, à moins qu'ils ne les trouvent en leurs Fiefs en flagrant délit, comme en dommages de Blé ou autres choses, ou en forfait de Garennes, ou d'eaux défenduës, auquel cas on peut les arêter prisonniers pendant vingt-quatre heures, & les renvoïer ensuite dans les Prisons Roïales ou du Haut-Justicier, jusques à ce qu'ils aïent païé l'amende, ou baillé caution d'y satisfaire.

Et si un homme commet un crime en leurs presences lorsqu'on tient leur Jurisdiction, s'il le confesse & qu'il en soit convaincu, ils peuvent lui faire son procez dans vingt-quatre heures.

Les Eclésiastiques qui ont des Fiefs Nobles, ont l'exercice de leur

Justice comme les autres Seigneurs, à la réserve qu'ils ne peuvent user de retrait feodal.

Les Ecléſiaſtiques & Nobles ont droit de ſéance prés & à côté des Juges.

En action réelle, le Demandeur doit bailler déclaration au Défendeur, contenant les bouts & côtez de la ſituation du Village, & de la Paroiſſe de l'Heritage conteſté, pour en faire vûë par le Juge, ſi les Parties n'en demeurent d'acord. Mais en action réelle nul n'eſt tenu de répondre de ſon Heritage en moindre tems que de quinzaine en quinzaine, quoique l'aſſignation ſe puiſſe donner plûtôt.

Nul n'eſt tenu atendre le quatriéme garand ſans avoir jugement, & le premier garand ne peut apeler le ſecond ſans faillir de garantie, & ainſi de garand en garand ; & par la derniere Ordonnance, le dernier garand doit tous les dépens du Procez.

Le Juge Laïque connoît ſeulement des Tréves enfreintes, & non le Juge Ecléſiaſtique, parce qu'il peut y avoir des peines, & que *Ecclesia neſcit ſanguinem.*

Formulaire de Lettres de Relévement pour le Dol Réel.

LOUIS, &c. à nôtre Bailli de ... ou ſon Lieutenant au Siége de ... Salut, reçû avons, lû & tenu l'humble ſuplication de nôtre bien amé ... de la Paroiſſe de ... confeſſant qu'étant preſſé par la neceſſité de ſes afaires, il auroit été obligé de vendre à ... une piece de Terre labourable, nommée le ... ſituée dans la Paroiſſe de ... au Village de ... par le prix & ſomme de ... ſuivant le Contrat de ladite vente, paſſé devant Tabellions le jour de ... & dautant que ladite piece de Terre eſt de valeur de ... ce qui ſeroit une léſion d'outre-moitié de juſte prix : A ces cauſes, ledit Expoſant deſireroit faire volontiers ledit Contrat, ou obliger ledit ... à lui ſupléer la juſte valeur du prix de ladite Piece ; mais il craindroit que vous ne fiſſiez dificulté de l'y recevoir, s'il ne lui étoit pourvû ſur ce de nos Lettres de remede de Juſtice au cas apartenant, humblement requerant icelles qu'acordées lui avons ;

Pourquoi vous mandons, que s'il vous est aparu ou apert de ce que dessus, vous audit cas receviez le Supliant, que voulons par vous être reçû à prendre le suplément du juste prix de la valeur de ladite piece de Terre, ou rentrer dans la possession d'icelle en restituant le prix du Contrat, nonobstant la rigueur d'icelui, que ne voulons lui nuire ni préjudicier; mais entant que besoin est, l'en avons relevé & relevons par ces Presentes de grace speciale: Car tel est nôtre plaisir, &c.

Formulaire de Lettres de Relévement en Dol Personnel.

LOUIS, &c. contenant que... l'auroit atiré dans sa maison, le... jour de... par subtil moïen, il auroit extorqué de lui par force & violence un Contrat passé devant... Tabellions... ledit jour, par lequel il lui auroit fait vendre ses Heritages, ou bien une piece de Terre, nommée... par le prix & somme de... & dautant que ce Contrat est contraire aux bonnes mœurs, qui ne soûfrent pas que la liberté des personnes soit ainsi forcée: A ces causes, le Supliant desireroit volontiers être reçû à demander la cassation dudit Contrat, & être remis en l'état qu'il étoit auparavant, afin de reprendre possession desdits Heritages; mais il craindroit que vous ne fissiez dificulté de l'y recevoir, s'il ne lui étoit pourvû sur ce de nos Lettres de remede de Justice au cas apartenant, humblement requerant icelles qu'acordées lui avons; Pourquoi vous mandons, que s'il vous est aparu ou apert de ce que dessus, vous audit cas receviez le Supliant, que voulons, &c.

Formulaire de Lettres Incidentes.

QUand on plaide, & qu'une Partie se sert d'un Contrat qui nous blesse, & où nous avons été surpris, on peut obtenir devant le Juge qui est competent du Procez des Lettres de Relief incidemment.

LOUIS, &c. contenant qu'il est en procez pardevant vous avec... aïant été... ci-devant son Tuteur, sur l'action en comte intentée par ledit... contre ledit... lequel auroit signé un prétendu Acord fait entre les Parties le... jour de... par lequel il prétend être quite de lad. Tutelle; & dautant que ledit Acord est nul de plein droit, pour être fait sans qu'il y ait aucun comte rendu: A ces causes, le Supliant souhaiteroit volontiers être remis en l'état qu'il étoit auparavant ledit Acord, pour poursuivre l'éfet de son action; mais il craindroit que nous ne, &c. voulons par vous être reçû à poursuivre ladite action en comte, comme il eût pû faire auparavant ledit Acord, &c.

Forme de procéder en Dol Réel.

APrés avoir signifié les Lettres de Relief & donné assignation, si le Défendeur n'a point de fins de non recevoir à proposer, l'on ordonne que les Parties conviendront de Témoins estimateurs pour estimer la Terre venduë, à faute dequoi le Juge en nomme d'ofice; ensuite dequoi l'on assigne les Témoins estimateurs pour prêter le serment; quand ils ont prêté le serment, le Juge presence des Parties met jour, afin qu'ils aillent sur l'Heritage pour le visiter; les Témoins aïans fait leur visite, ils reviennent en Justice faire leur raport, sur lequel le relevement est enteriné ou rejeté; & si le Défendeur a des fins de non recevoir, les Parties sont réglées à écrire & produire.

Forme de procéder en Dol Personnel.

LE Demandeur ou le Défendeur ofre l'apointement à écrire & produire.

Le Demandeur doit dans son Ecrit un peu aprés emploïer les moïens de relevement, & les faits de preuve ausquels il est admissible, tant par Témoins que par Monitoires, & fait l'inventaire de production, dans lequel il emploïe toutes les pieces dont il se sert, avec les inductions qu'il en peut tirer.

Le Défendeur produit de son côté, & fait un Ecrit de réponse où il emploie ses défenses ; le Demandeur lui peut opóser un Ecrit de replique, que le Défendeur peut contester par Requête : Sur cela on régle les Parties par un Jugement interlocutoire ; c'est à dire, en ordonnant la preuve, ou par un Jugement définitif s'il y a des pieces sufisanment pour juger le relevement.

La preuve faite, le Défendeur baille des reproches aux Témoins que le Demandeur contredit ; si les reproches sont pertinens, on en ordonne la preuve : Contre cette preuve, le Demandeur peut bailler des reproches ausquelles le Défendeur baille des salvations.

Le Demandeur est admis aussi à faire preuve de ses reproches s'ils sont pertinens ; mais aprés cela la procedure finit, à la réserve des reproches de Droit que l'on peut toûjours proposer : ensuite dequoi on communique les enquêtes aux Parties pour coter leurs nullitez, & aprés on juge.

Dans les Lettres de relevemenr incidentes, l'Impetrant presente Requête pour les faire recevoir, contenant les moïens d'ouverture de relevement ; on communique la Requête reçûë par le Juge au Procureur de Partie, afin qu'il la conteste ou qu'il la consente, ensuite on procéde au jugement.

Formulaire de Lettres de Mixtion.

LOUIS, &c. A nôtre Vicomte de... ou son Lieutenant audit lieu, reçû avons l'humble suplication de... contenant que pour avoir païement de plusieurs sommes de deniers à lui dûës par... demeurant... il lui est de besoin de faire passer par decret de Justice ses Heritages ; & dautant qu'iceux sont situez sous diverses Jurisdictions, à savoir partie sous la Haute-Justice de... enclavée dans la même Vicomté, il nous a requis nos Lettres de Mixtion, & provision de Justice au cas apartenant, pour être permis de faire decreter tous lesdits Heritages pardevant vous par un seul & même Decret, qu'acordées lui avons : Pourquoi vous mandons qu'apelez ceux qui pour ce seront à apeler, s'il vous est aparu ou apert des dettes du Supliant ; & que pour en avoir paie-

ment il ſoit obligé faire decreter iceux Heritages, apartenans ou aïans apartenu audit... que partie d'iceux ſoient aſsis en vôtredite Vicomté, & autre partie ſous la Haute-Juſtice de... aſsis en vôtre Vicomté & des autres choſes à ſufire; Vous audit cas, aprés les ſolennitez, criées & diligences à ce requiſes & neceſſaires, dûëment faites & acomplies, aïez à proceder au paſſement, adjudication & perfection de Decret de tous leſdits Heritages par un ſeul & même Decret, tout ainſi que feriez ſi tous leſdits Heritages étoient ſituez ſous vôtre Juriſdiction, dont de ce faire vous avons commis & député, commettons & députons par ces Preſentes, nonobſtant ladite Admixtion que ne voulons nuire ni préjudicier: Car tel eſt nôtre plaiſir, &c.

Formulaire de Divorce.

LOUIS, &c. contenant que lorſqu'elle épouſa ledit... ſon Mari, il étoit fort acommodé des biens de la fortune, qu'il a depuis tous diſsipez par ſon mauvais ménage; & dautant que ladite Supliante eſt en état de tomber elle & ſes enfans dans une honteuſe mendicité: A ces cauſes, elle ſouhaiteroit volontiers être déclarée Femme libre, & de condition libre pour exercer ſes droits, & faire liquider ſa dot & ſon doüaire, & biens parafernaux; mais elle craindroit que vous ne fiſsiez dificulté de l'y recevoir, s'il ne lui étoit pourvû ſur ce de nos Lettres, pour être ſeparée quant aux biens d'avec ſondit Mari, prétendre & demander ce qui lui peut apartenir, humblement requerant icelles qu'acordées lui avons; Pourquoi vous mandons qu'apelez pardevant vous le Mari de la Supliante, ou autres qui pour ce ſeront à apeler, s'il vous eſt aparu ou apert de ce que deſſus, ou autres choſes à ſufire; Vous audit cas, aprés les diligences à ce requiſes & neceſſaires, dûëment faites & acomplies, procediez à la ſeparation quant aux biens de la Supliante d'avec ſondit Mari, & lui ajugiez ſes biens parafernaux, dot & doüaire, & autres choſes qui lui apartiennent ſuivant l'uſage du Païs, pour en joüir à l'avenir avec ceux qu'elle poura ci-aprés aquerir, en exemtion des dettes de ſondit Mari, uſer & diſpoſer de ſes droits comme Femme libre, nonobſtant que ſondit Mari ſoit encor vivant; à quoi nous l'avons permiſe & autoriſée, permettons & autoriſons de grace ſpeciale: Car tel eſt nôtre plaiſir, &c.

Du Divorce & Séparation.

L'Homme & la Femme deviennent par le Mariage dans une ſi grande union d'eſprit & de corps, qu'on les conſidere comme une même perſonne, animée d'un même eſprit, gouvernée par une même régle, & conduite par un même génie, *Erunt duo in carne una.*

Le Mari tient le premier rang dans cette ſocieté, ſa Femme lui doit une entiere obéïſſance, elle eſt ſous ſon pouvoir & dans ſa curatelle, *Sub poteſtate illius eris, & ipſe dominabitur tibi.* Cependant cette union ſe peut diviſer, cette puiſſance ſe peut détruire, & cette curatelle ſe peut finir en certains cas qui arivent ordinairement.

L'union du Mariage ſe diviſe quand elle n'a point eu ſa perfection, & qu'elle ne peut l'avoir par l'impuiſſance de l'un des Conjoints; car comme le Mariage a trois fins, ſavoir *bonum plebis*, *bonum fidei*, & *bonum ſacramenti*; qu'il n'eſt pas ſeulement établi, *ad propagandum orbem*, mais auſſi *ad refrænandam concupiſcentiam*: Il eſt certain que quand un des Mariez eſt incapable de conſommer le Mariage, le Droit réſoud cette ſocieté, & permet à celui qui eſt capable de Mariage de paſſer à d'autres vœux, & défend à l'impuiſſant de ſe remarier.

Dans le Mari il y a trois qualitez pour la conſommation du Mariage, *Erectio, intromiſſio, & miſſio ſeminis prolifici*: Dans la Femme, *Ne ſit nimis arcta.*

La procedure eſt, que celui qui ſe plaint prend un Mandement de l'Oficial, pour faire aſſigner ou citer l'impuiſſant pardevant lui, pour réſoudre le Mariage s'il y a trois ans qu'ils ſont enſemble; il ordonne que l'impuiſſant ſera viſité, ſi c'eſt l'Homme, par

par des Chirurgiens & Medecins, & si c'est la Femme par des Matrones : Si les marques d'impuissance n'aparoissent pas, on ordonne le congrez qui se fait presence des Matrones & de Medecins, aprés quoi l'on procede à la cassation ou confirmation du Mariage ; Et quand le Mariage est cassé, la Femme peut agir devant son Juge naturel pour obliger le Mari de lui rendre ses biens.

La puissance du Mari cesse, quand par ses cruautez & mauvais traitemens, il abuse du pouvoir qu'il a sur sa Femme ; car il doit traiter sa Femme comme Dieu fait son Eglise, & comme étant une partie de lui-même, *Os de ossibus meis, & caro de carne mea* ; la Femme en ce cas peut demander d'être separée de corps & de biens d'avec lui : Et quand le Mari se trouve coupable, on le dépoüille du pouvoir qu'il a sur sa Femme, on l'oblige de lui rendre tous ses biens, & même le don mobil, & de lui délivrer son doüaire ; on lui défend aussi de lui méfaire ni médire, à peine de la vie. Voici la procedure.

Stile de procéder en matiere de Divorce & de Séparation.

LE Lieutenant Civil du Bailli en est seul competent entre toutes sortes de personnes.

La Femme lui presente sa Requête, dans laquelle elle expose tous les mauvais traitemens que son Mari lui a faits, qu'elle demande à prouver, pour être separée de corps & de biens d'avec lui, & avoir ses droits ; & cependant pour avoir une provision pour vivre & pour plaider.

Le Juge ordonne que la Requête sera communiquée au Mari, & ajuge cependant quelque somme modique à la Femme sur les biens du Mari, qui s'execute nonobstant opositions & apellations, & autres voïes quelconques, *Quia venter dilationem non patitur.*

Aprés avoir entendu le Mari & la Femme en presence l'un de l'autre, il tâche de les réconcilier ; s'il ne peut y parvenir, il ordonne que le Mari contestera la Requête : ensuite il admet la Femme à faire preuve de ses faits ; & si elle y reüssit, il prononce sur la separation, ce qu'il doit faire lentement & avec grande prudence ; car il faut toûjours travailler à la reünion des Conjoints plûtôt qu'à leur division.

La curatelle de la Femme cesse, quand le Mari par son mauvais ménage se rend indigne d'être son Curateur, & que lui-même a besoin d'être mis en curatelle ; auquel cas le Roi donne des Lettres à la Femme, par lesquelles il la rend de libre condition, & en pouvoir d'exercer ses droits, sans être assujétie aux dettes de son Mari : Et comme il y a de grandes solennitez à observer dans l'enterinement de ses Lettres, la connoissance en est atribuée au Lieutenant Civil du Bailli.

Premierement, la Femme qui obtient lesdites Lettres doit venir en Jugement, l'Assise séante, déclarer qu'elle n'a obtenu ses Lettres en fraude, ce qu'elle doit afermer devant le Juge qui lui acorde la lecture desdites Lettres.

2°. La Femme doit faire publier par les Carfours du lieu où se tient l'Assise, à son de trompe & cri public, ses Lettres de separation par un Sergent, presence de l'assistance.

3°. Il faut que la femme fasse faire inventaire des biens-meubles de son Mari, ou en mette un memoire au Gréfe, sur lequel elle prend ses parafernaux : ce qui se doit faire à peine de nullité.

4°. La Femme doit faire assigner son Mari & ses Creanciers en general, issuë de Messe Paroissiale, & au Marché, & chacun en particulier à leurs Domiciles, & leur faire donner Assignation pour contredire ses Lettres de Divorce : s'ils comparent pour contester, il faut que la Femme baille des moïens de Divorce, qui est un Ecrit, dans lequel elle fait voir l'usage que le Mari a fait de son bien sans necessité ; & aprés qu'il a été contesté, le Juge fait droit sur la separation ; & s'ils se laissent défaillir, on juge l'éfet de la separation pour le profit des défauts.

5°. La Femme étant jugée separée doit faire regîstrer son nom au Tabellionnage Roïal, & au Tableau des Femmes divorcées, afin que tout le monde connoisse sa condition, & que personne ne se hazarde à contracter avec son Mari.

L'éfet de la separation est, que la Femme exerce ses droits, qu'elle fait liquider sa dot & son doüaire, qu'elle n'est pas sujette aux dettes de son Mari, que tout ce qu'elle aquert est à elle & à ses enfans, & qu'elle peut bien aquerir & conserver son bien, mais non pas le dissiper : si bien qu'une Femme separée est moins en liberté d'aliener son bien qu'une Femme mariée, parce que la separation est un moïen établi pour conserver son bien, & non pas pour le perdre & dissiper : Mais si la Femme manque à une des formalitez susdites, son Divorce est nul, & on n'y a point d'égard.

Il y a trois sortes de separation ; l'une contractuelle, quand le Mari & la Femme stipulent par le Contrat de Mariage, qu'ils demeurent separés de biens, sans être sujets aux dettes les uns des autres : Cette stipulation a deux éfets, dont le premier est de faire cesser la régle du Droit François, qui dit, *Qui épouse la Femme, épouse ses dettes :* Car par ce moïen les Mariez ne sont pas prenables des dettes qu'ils n'ont point contractées.

Le second est, que la Femme n'entre point dans la curatelle du Mari, & n'a point besoin de Lettres de separation : Mais il faut que les Mariez fassent faire inventaire de leurs Meubles, qu'ils fassent lire aux Assises la clause de separation, portée par le Contrat de Mariage, & que la Femme fasse mettre son nom au Tabellionnage, à peine de nullité.

La separation qui se fait, *Publicatione bonorum ;* c'est à dire par decret, quand le bien du Mari est saisi en decret, & que la Femme opose pour avoir sa dot & son doüaire, & quand elle aporte lots à doüaire, & que les lots sont choisis & ses remplacemens liquidez.

La derniere separation est quand le Mari est absent pour un long têms, pour lors la Femme a ouverture de demander ses droits, & la nouriture de ses enfans, *Ne pereat.*

Le Bailli Civil connoît des Separations susdites, à la réserve de celles qui se font entre Roturiers à cause du decret, ou pour l'absence du Mari.

Formulaire d'entérinement de Divorce.

ES Assises... tenuës par Nous... s'est presentée... Femme de... de la Paroisse de... en personne, & par... son Procureur, assistée de Maître... son Avocat ; laquelle nous a remontré, que la mauvaise conduite de son Mari l'auroit obligée de se pourvoir de Lettres de Separation à la Chancellerie à Roüen, le... jour de... dernier, pour être civilement separée d'avec lui, afin d'exercer ses droits, comme Femme libre & de libre condition, & de se faire ajuger sa dot & doüaire, & biens parafernaux ; desquelles Lettres lecture lui fut acordée aux Assises de ce lieu, le.. de..

ensuite dequoi elle les fit publier à son de trompe & cri public le même jour, par le ministere de... Sergent Roïal en ce lieu, presence de l'Audiencier, suivant le Procez Verbal dudit jour, & ladite... auroit mis au Gréfe un Memoire d'elle signé & dudit... son Procureur des Meubles de sondit Mari, sur lesquels elle prétend ses droits parafernaux, & aïant fait convenir son Mari & ses Creanciers en general & en particulier, qui sont...... tant à l'issuë de la Messe Paroissiale qu'au Marché de ce lieu, que dans leurs Domiciles particuliers, suivant les Exploits de... Sergent des... contrôle... ledit Mari &... Creanciers se seroient laissé mettre en défaut le... jour de... dernier levé par ladite... le... ensuivant pour le profit desquels défauts elle demandoit que lesdites Lettres fussent declarées enterinées, & que l'éfet lui en fût acordé avec dépens, surquoi lecture faite de toutes les pieces susdites: Oüi le Procureur du Roi en ses Conclusions, & de l'avis de... Conseiller en ce Siége, Raporteur du Procez, & de cinq Juges tous Oficiers en ce Siége: NOUS DISONS que lesdits défauts ont été à bon droit obtenus, & jugeans le profit d'iceux, Nous disons que lesdites Lettres de separation sont, & les avons enterinées, en quoi faisant, Nous avons déclaré ladite Femme libre & de libre condition, & à elle ajugé ses droits de Dot & Doüaire, & la sixiéme partie des meubles meublans, contenus dans ledit Memoire par elle déposé au Gréfe, le tout en exemtion des dettes contractées par son Mari depuis leur Mariage, & à elle enjoint de mettre son nom au Tableau des femmes divorcées du Tabellionnage de ce lieu avec dépens ajugez à ladite... sur ledit... taxez à... les pieces remises au Gréfe & taxé audit Raporteur pour, &c. & au Procureur du Roi la somme de... païez, &c. recours, &c.

Formulaire de Lettres de Répi.

LOUIS, &c. contenant qu'il avoit soûfert beaucoup de pertes, aïant été volé plusieurs fois sur les grans chemins... ses Maisons aïans été brûlées l'année derniere, & par plusieurs banqueroutes qu'il avoit soûfertes ; & dautant que tous ces desordres lui sont arrivez par la malice de la fortune, plûtôt que par son imprudence, & le mettent hors d'état de pouvoir païer ses dettes : A CES CAUSES le Supliant requeroit nos Lettres de Répi, afin d'avoir un tems competent pour satisfaire tous ses Creanciers, qu'acordées lui avons : Pourquoi vous mandons que s'il vous est aparu ou apert de ce que dessus, vous audit cas receviez le Supliant, que voulons par vous être reçû à païer ses dettes dans un tems competent, qui lui sera par vous limité, pourvû que ses immeubles ne soient pas saisis en decret, parce qu'il fera enteriner ses Lettres dans six mois, pendant lesquels Nous défendons à toutes sortes de personnes de faire aucunes poursuites en la personne ni dans les biens dudit Supliant, à peine de nullité & de cassation de procedure, & de 1500 livres d'amende : Car tel est, &c.

LE Répi, autrement apelé Quinquannelle ou Requête moratoire, est une grace acordée par le Roi à un debiteur, par laquelle il lui donne un tems competent de païer ses dettes.

Il s'apelle Répi *à respirando, eo quod debitor ære alieno oppressus aliquam respirandi copiam habeat*, dautant que le debiteur étant acablé de ses dettes, peut respirer & reprendre ses esprits, pendant le tems porté par le Répi.

Il s'apelle Quinquannelle *à quinquennio*, qui veut dire l'espace de cinq ans, parce que ce tems est ordinairement donné à un debiteur de païer ses dettes, quand il a perdu ses biens, *non suo, sed fortuna vitio*, c'est à dire, par l'inconstance de la fortune, & non pas par sa propre faute.

Il s'apelle aussi Requête moratoire, parce qu'autrefois il s'acordoit sur une simple Requête, qu'on presentoit au Bailli, *quia in mora modici temporis non est magnum prejudicium.*

Le principe de cette grace est fondé sur l'infortune des debiteurs qui ont perdu leur bien par le caprice du destin, & non pas par leur imprudence & leur mauvaise conduite, car les deux derniers cas les rendent indignes de cette grace. Il faut donc examiner dans le répi, si les pertes alleguées viennent de la même conduite du debiteur, comme d'une dépense excessive, & d'un procez mal entrepris, ou si elles viennent de sa mauvaise fortune, comme des incendies, banqueroutes, & des inondations.

Par l'ancienne procedure on presentoit Requête au Bailli, pour obtenir tems. Il ordonnoit que les Creanciers interessés seroient assignés pour contredire ou consentir la Requête. Sur la sommation le debiteur bailloit les moïens de Répi, où il emploïoit toutes ses pertes; les Creanciers les contestoient, & l'on jugeoit sur l'enterinement ou la rejection de la Requête. Dans la suite on obtenoit des Lettres à la petite Chancellerie, sur lesquelles on tenoit la même procedure: mais à present ces Lettres s'obtiennent à la grande Chancellerie, pour l'enterinement desquelles on observe la procedure ci-dessus. Il faut remarquer que l'Impetrant a six mois pour faire enteriner lesdites Lettres, pendant lesquels on ne peut l'executer, ni dans ses biens, ni dans sa personne.

Formulaire de Brief de nouvelle Dessaine.

NOUS, &c. ... au premier Huissier ou Sergent sur ce requis, de la part de ... Nous a été donné à entendre qu'il est Proprietaire d'un Pré ou d'une Prairie nommée ... située dans la Paroisse ou Village de ... qui jouxte ... à cause d'un Contrat passé dudit, &c. ... Pré lui a été injustement usurpé par ... A ces Causes il requiert nôtre Mandement pour faire convenir à bref jour ledit ... afin de le faire condanner à lui quiter la possession d'un Pré ou piece de Terre, avec restitution de fruits &

de joüissance ; pourquoi vous mandons mettre le present à dûë & entiere execution. Donné, &c.

Formulaire de debat de Tenure.

A Eté donné à entendre qu'il est possesseur d'une Terre située dans la Paroisse de... dont la Tenure est pretenduë, tant par... que par... qui l'executent journellement pour le païement de rentes Seigneuriales par eux pretenduës, & dautant que la Tenure non plus que les rentes n'apartiennent qu'à l'un d'eux : A ces causes ledit exposant requeroit nôtre Mandement, pour être permis faire convenir lesdits Seigneurs pour décider le debat desdites Tenures, & pour cependant leur faire défense de faire aucune poursuite contre ledit exposant ; ce qu'acordé lui avons, &c.

Ce Mandement signé du Juge, il le faut signifier aux Seigneurs avec assignation ; on ordonne qu'ils vuideront entr'eux le debat de Tenure, & cependant surséance de toutes poursuites contre le Vassal ; qui pendant le Procez des rentes Seigneuriales demeurera saisi comme dépositaire de Justice.

Formulaire de Mandement de Surdemande.

A Donné à entendre qu'il a été executé instance de... pour avoir païement de... rentes Seigneuriales par Exploit de... son Prevôt en la Sieurie de... du... de ce mois, & dautant que ledit... ne doit point lesdites rentes, & qu'il déclare en prendre défenses : A ces causes il requeroit nôtre Mandement pour être reçû oposant contre ladite execution pour faire asſigner ledit Sieur... pardevant vous pour proceder sur ladite oposition, & pour cependant être ressaisi des biens executez à caution, ce qu'acordé lui, &c.

Le Mandement obtenu il le faut signifier, & assigner le Seigneur; on régle les Parties à écrire & produire. Le Seigneur emploïe les Aveux, ses Journaux, Papiers Terriers, & possession pour établir son droit : Le Vassal emploïe de son côté les Aveux & déclarations qu'il a renduës qui vont à sa décharge, surquoi on ajuge la rente au Seigneur s'il a de bons Titres & de bonnes possessions, ou bien on décharge le Vassal.

TITRE II.

DE HARO.

LE Haro est un moïen, ou plûtôt un privilége acordé aux Normans, par lequel en invoquant le nom de ce Prince, on peut arrêter sans pieces un homme acusé de crime, ou que l'on dit être obligé par corps de nous rendre un meuble que nous prétendons nous apartenir, ou un usufruit que nous reclamons.

Pour entendre la force de ce privilége, il faut remarquer que réguliérement l'on ne peut arrêter un homme prisonnier pour crime ou pour dette civile, qu'en vertu de Decret de prise de corps, ou d'une obligation qui est par corps, à moins qu'un Criminel ne fût pris en flagrant délit. Il faut aussi observer que l'on ne peut saisir un meuble ni arrêter un fruit dans une main étrangere sans pieces, ou du moins un Mandement de Justice : Mais Raoul premier Duc de Normandie, prévoïant qu'un Criminel & un Debiteur pouroient éviter par leur fuite la peine dûë à leur opiniâtreté (*Quia carcer datur debitoribus ad pœnam, & reis ad custodiam;*) que l'on pouroit soustraire des meubles ou des fruits qui ne se pouroient recouvrer, & que (*Melius est in tempore occurrere, quam post causam vulneratam remedium quærere*) introduisit la Clameur de Haro, par laquelle en vertu de l'invocation de son nom, on peut arrêter sans prise de corps un homme acusé de crime, & sans obligation une personne obligée par corps, & un fruit ou meuble sans aucun titre; ce qui a été exprimé par un Poëte de ces derniers tems en ces Vers,

Ecquis justitiam Rollonis nesciat ora,
Cujus adhuc post fata fidem pernota ciemus,
Et justas querulo clamore lacessimus umbras.

Le Haro peut être interjeté dans toutes les choses où il y a évident peril; *Ubi est periculum in mora*, tant pour crime que pour civil, & tant pour meubles que pour immeubles, même en matieres beneficiales; ce qui fait voir, que c'est pour le possessoire seulement.

En crime, le Sergent doit conduire les Parties devant le Juge qui les envoïe tous deux prisonniers jusqu'à ce qu'ils aïent baillé caution, l'un de poursuivre, l'autre de défendre le Haro : Ensuite dequoi on prend la procedure criminelle qui se pratique ordinairement, & c'est le Lieutenant Criminel qui en connoît entre toutes sortes de personnes. En civil, la chose contentieuse aprés la caution baillée, est de même sequestrée par la nature du Haro, & le Sergent la doit mettre en main sûre autre que des deux Parties, *ne partes veniant ad arma :* Aprés la Clameur de Haro intentée & la caution baillée, les Parties sont réglées en procedure ordinaire suivant l'Ordonnance; & aprés que chacune des Parties a établi son droit, on juge le Haro bien ou mal intenté; ce que le Juge ne peut pas faire sans condamner à l'amende celui qui a tort, *Et quia nomen Principis temerè violandum non est.*

Quand deux font Haro l'un sur l'autre, le Juge pour ne les point mettre prisonniers, les fait donner caution reciproque, que l'un poursuivra le Haro, que l'autre le défendra; & celui qui a intenté mal le Haro doit être condamné à l'amende.

La caution du Haro est de païer, tant ce qui sera jugé en principal, même sur la cause d'apel, & la caution est obligée solidairement & par corps de plein droit, sans que l'on soit obligé de discuter le principal obligé, quand même il n'y auroit pas de solidité stipulée par le cautionnement; cela s'éntend de droit, lors de la caution judiciaire.

Avant l'Ordonnance de 1667. les cautions judiciaires devoient être atestées solvables par le Sergent de la Querelle qui a connoissance des biens d'un chacun; & le Sergent étoit prenable solidairement du jugé quand ce n'eût été qu'un Commis; & si le Commis n'avoit pas de bien, le Proprietaire de la Sergenterie en étoit responsable jusqu'à la valeur de la Sergenterie, quand même il auroit stipulé par les baux de ses Commis, qu'ils ne pouroient certifier aucune caution : Mais depuis la derniere Ordonnance, les Sergens ne certifient plus les cautions.

TITRE III.

DE LOI APAROISSANTE.

IL y a deux choſes conſiderables dans la Seigneurie des Terres, ſavoir la proprieté & la poſſeſſion.

La proprieté eſt ce qui rend la choſe notoire, comme un Contrat d'aqueſt, ou un partage d'heritage.

La poſſeſſion eſt le droit de joüir de la choſe qui nous âpartient, & d'en recueïllir les fruits, *Nat. Jud. & C.*

La proprieté ſe perd par quarante années, & ne ſe peut recouvrer que contre les poſſeſſeurs de mauvaiſe foi.

La poſſeſſion ſe perd par an & jour, mais elle ſe peut recouvrer quand le proprietaire agit dans les quarante ans pour reprendre la poſſeſſion qu'il a perduë, & cette action s'apelle Mandement de Loi aparente.

Cette action, dis-je, ſe définit par un moïen legitime acordé au proprietaire pour recouvrer la poſſeſſion d'un heritage, que lui, ſes prédeceſſeurs, & ceux dont il a le droit, ont perduë depuis quarante ans.

Le principe de cette action vient de la Seigneurie, & de la proprieté qui ne ſoufre pas que ce qui nous apartient, puiſſe paſſer dans une main étrangere ſans nôtre conſentement, *id quod noſtrum eſt ſine facto noſtro ad alium transferri nequit.*

Et l'équité naturelle ne veut pas qu'un uſurpateur s'enrichiſſe au préjudice de ſon voiſin, *(nemo cum alterius jactura locupletari debet.)*

Cette action s'apelle Mandement de Loi aparente, parce qu'anciennement le requerant faisoit aparoir d'un témoin, ce qui est aboli depuis 1624. que le Roi a voulu que l'on prît des Lettres Roïaux à la petite Chancellerie : Il faut donc considerer plusieurs choses dans le Mandement de Loi aparente. La premiere est le droit de proprieté qui doit être justifié par le Demandeur.

La seconde, qu'il agisse dans les quarante ans, ou qu'il justifie s'il a possedé l'heritage depuis quarante ans; & il faut observer que l'heritier du proprietaire peut non seulement user de ce droit, puisque toutes les actions du défunt ont passé en sa personne ; mais qu'un aquereur peut en ce cas exercer les droits de son vendeur, quand il l'a subrogé à ses actions rescindantes & rescisoires.

Il faut aussi observer, que cette action compe à un présomptif heritier en l'absence du proprietaire, *ad conservationem juris.*

Le Bailli est competent de connoître de cette action aussi-bien que le Haut-Justicier entre ses sujets ; & pendant le Procez le Défendeur demeure toûjours saisi de l'heritage contesté ; mais s'il perd sa Cause, il est condamné à la restitution des fruits du jour de l'action s'il est possesseur de bonne foi, & du jour de l'usurpation s'il est possesseur de mauvaise foi.

Stile de Procéder.

PRemierement on obtient des Lettres à la Chancellerie à Roüen, sur le modele suivant.

LOUIS, &c. à nôtre Bailli... reçû avons l'humble suplication de... contenant qu'au droit de ses prédecesseurs ou... lui compete & apartient le nombre de... à fiéfe... bornées ... desquelles pieces ledit... ou ses prédecesseurs ont joüi depuis tems de droit, la possession desquelles lui est neanmoins de present usurpée par... sans aucun droit ni titre valable : A ces causes le Supliant Nous a requis nos Lettres de Loi aparente, pour par le moïen d'icelles rentrer en la possession & joüissance desdits heritages, qu'acordez lui avons, pourquoi vous mandons qu'apelez pardevant vous ceux pour qui ce seront à apeler s'il vous est aparu ou apert, que lesdits heritages apartiennent à l'exposant au droit que dessus, & que lui ou ses prédecesseurs en aïent joüi proprietairement depuis quarante ans, vous audit cas recevez ledit exposant, & lequel voulons par vous être reçû à revendiquer la possession & joüissance desdits heritages, avec restitution de fruits & levées perçûës ou empêchez percevoir, neanmoins & nonobstant ladite usurpation que ne lui voulons nuire ni préjudicier; mais entant que besoin l'en avons relevé & relevons de grace speciale par ces Presentes: Car tel est, &c. Mandons outre, &c.

Ces Lettres obtenuës on les signifie au détenteur du fonds, auquel on donne assignation en Bailliage pour procéder sur lesdites Lettres. Si le Défendeur n'acquiesce d'abord, le Demandeur doit offrir l'apointé d'écrire & produire. Dans son Inventaire de production, il doit emploïer tous les titres qui établissent sa Seigneurie, comme les Contrats de donations, les partages d'heritages, les Aveux, les déclarations & les Baux à ferme: Dans son Ecrit de production, il doit établir son droit sur tous ses titres, & articuler ses possessions, & conclure à être renvoïé en la possession du fonds contesté, avec dépens & restitution de fruits.

Le Défendeur doit emploïer dans son Ecrit d'Inventaire de production les Lettres qui établissent sa défense. Dans son Ecrit de contre-production aprés avoir établi son droit & articulé ses possessions, il doit contester les titres du Demandeur, par les défauts qui s'y peuvent rencontrer, soit en la forme, soit en la matiere.

Le défaut qui se rencontre dans la matiere est quand le Contrat, ou la piece dont on s'est servi, n'est du fait de celui contre lequel elle est produite, ni de ses prédecesseurs ou de ses auteurs; parce que *Res inter alios acta alteri non prejudicat.*

Le défaut de la forme est quand les piéces ne sont point valablement signées, comme quand un Contrat n'est signé que d'un Tabellion, mais les défauts sont reparez quand les titres sont suivis de possessions.

Le Demandeur baille une replique que le Défendeur peut contester par Requête; aprés cela on fait droit sur le Mandement de Loi aparente, si les titres sont soûtenus de droit, c'est à dire, depuis quarante ans; on juge difinitivement s'ils sont au-delà de quarante ans; on admet les Parties en preuves respectives de leurs possessions,

& aprés les preuves parfaites & tous les reproches baillées, on fait droit aux Parties.

On peut obtenir incidenment devant le Vicomte un Mandement de Loi aparente, lorsqu'on a commencé une action en matiere réelle, & que le Défendeur se sert de la possession qu'il a usurpée comme une fin de non recevoir, auquel cas pour lever cette exception, le Demandeur obtient incidenment des Lettres de Mandement de Loi aparente : Mais quand elles seroient enterinées, il est condamné aux dépens du Procez jusques au jour de l'obtention d'icelles.

Formulaire de Loi aparente incidente.

LOUIS, *&c. A nôtre Vicomte... contenant qu'il est en procez pardevant Vous avec... pour l'éfet de... nommée... située en la Paroisse de... qui borne... & que ledit... s'est servi de l'usurpation qu'il a faite de... comme d'une fin de non recevoir, pour empêcher l'éfet de l'action dudit Supliant; faute par lui d'avoir pris des Lettres de Mandement de Loi aparente, & dautant que ledit Supliant est veritablement proprietaire de ladite... au droit d'un Contrat d'aquest passé... & qu'il en a perdu la possession depuis tems de droit : A ces causes il nous a requis, &c.*

Ces Lettres obtenuës, on presente Requête au Juge pour les faire recevoir, on communique la Requête & lesdites Lettres au Défendeur, pour les contester, ensuite dequoi on juge.

TITRE IV.

DE DELIVRANCE DE NAMS.

CEt Article nous donne ocaſion de parler de la force que les Obligations ont en France, de l'autorité que l'on donne aux choſes jugées. A Rome les Obligations engendroient ſeulement une action, & l'on ne pouvoit prendre les biens d'un homme par execution, qu'aprés la Sentence du Juge.

En France les Obligations reconnuës ont non ſeulement action, mais ordinairement en vertu d'icelles on peut ſaiſir par execution les biens du Debiteur, & les faire rendre pour être païé de ſon dû: Ce qui ſe fait, parce qu'un homme en s'obligeant au païement d'une dette, engage tous ſes biens au païement d'icelle; d'où vient que l'on dit qu'un homme n'a point de bien que ſes dettes ne ſoient païées, *nihil eſt in bonis niſi deducto ære alieno*, cela vient auſſi de ce que par les Obligations & par les Contrats, l'obligé conſent que ſes biens ſoient vendus d'ofice de Juſtice pour l'entretien du Contrat.

Cela préſupoſé, il faut ſavoir que l'execution eſt un acte legitime qui s'exerce par un Creancier ſur les biens de ſon Debiteur, en les ſaiſiſſant, ou en les faiſant vendre pour le païement de ſa dette.

Toute execution doit être établie ſur un inſtrument ou piece autentique, & qui ſoit acomplie en ſa matiere & en ſa forme; cela s'entend que l'execution ſe fait en vertu d'un inſtrument qui eſt en forme probante, & dont l'execution eſt parée, *id eſt præparata.*

La matiere de l'execution doit être fondée sur une dette qui soit legitimement dûë, qui soit contractée entre personnes libres, & capables de s'obliger, qui ne sont pas mineurs, en curatelle ou dans la puissance d'autrui, & qu'enfin le Contrat ne soit pas contre les loix, ni contre les bonnes mœurs; car ces sortes de Contrats n'ont point d'execution, *nullum enim iniri contractum volumus lege prohibente, pacta quæ fiunt contra leges pro infectis habentur, & quod nullum est, nullum habet effectum in jure.*

La forme est que l'Obligation ou le Contrat doit être passé en minute, & délivré en grosse ou executoire par le Tabellion. La minute est l'original du Contrat, dans lequel les Parties contractantes doivent signer avec deux témoins & les deux Tabellions, & cette piece doit demeurer au Registre du principal Tabellion. La grosse ou l'executoire est un autant de la minute que le Tabellion délivre aux Parties, qui doit être signé des deux Tabellions qui ont reçû la minute, & dans lequel ils doivent atester que la minute est signée des Parties contractantes, des Témoins & desdits Tabellions, à peine de nullité; ensuite dequoi il faut faire seller cette grosse du seau Roïal qui donne l'autorité au Creancier de prendre les biens de son Debiteur.

La force des Sentences & des Arrêts donne lieu aussi d'executer, quand ils sont passés au Gréfe, bien signez & bien sellés.

Mais il faut remarquer qu'en France la procedure est diferente, pour les Obligations de donner ou de faire.

Quand un homme est obligé de païer, on l'execute directement; mais quand il est obligé de faire, on le fait condamner de satisfaire à son Obligation dans un tems que le Juge limite, à faute dequoi & ledit tems passé, on ordonne qu'il sera contraint jusques à une certaine somme pour l'y assujétir, ou bien on ordonne que la chose sera faite à ses frais, à laquelle fin on la passe par adjudication.

Cela présuposé, il faut savoir qu'il y a cinq sortes d'executions.

La premiere, qui se fait sur les meubles du Debiteur qui sont portables aux venduës, & qui peuvent déplacer.

La seconde, qui se fait par la saisie des meubles importables, comme des Blés ou du Cidre du Debiteur qui se saisissent en sa main ou dans ses terres, & qui se vendent devant la porte ou au bout du cham.

La troisiéme, est celle qui se fait par le moïen des arrêts, sur ce qui

qui est dû à vôtre Debiteur, que l'on apelle une execution qui est faite, *in nominibus debitorum*.

La quatriéme, est celle qui se fait *in persona debitoris*, quand un homme obligé par corps est emprisonné.

La cinquiéme, est l'execution des immeubles qui est la saisie par decret, *publicatione bonorum*.

Toutes ces executions ont chacune leur formalité, dont la connoissance est absolument necessaire pour éviter la chicane des mauvais païeurs, qui sous prétexte d'une formalité mal observée forment une oposition contre les executions.

L'execution des meubles portables aux Venduës, a ses régles & ses loix.

Premierement on ne peut pas executer toutes sortes de meubles; les livres d'un Prêtre, ses habits, ses ornemens, les armes d'un Soldat, les habits & le lit d'une Femme, les outils d'un Artisan qui lui servent à faire son métier, les chevaux & bêtes de harnois, & les instrumens aratoires ne s'executent point, parce qu'il est de l'interest public que chacun puisse exercer son métier, & que les terres ne demeurent pas sans être cultivées : *Ordonnance de 1667. Edit du mois de Janvier 1678.*

Toutefois cette régle generale cesse au regard des Maîtres contre leurs Fermiers, des dettes foncieres & privilegiées, comme les légitimes des Filles, les rentes dûës aux Seigneurs, & de ceux qui ont prêté l'argent pour acheter le bestial & les instrumens aratoires.

2°. Il faut que celui qui fait l'execution ait qualité pour cet éfet; c'est à dire, qu'il soit Sergent ou Huissier reçû de Justice, & qu'il dise sa résidence, & le Siége où il est immatriculé.

3°. Il faut que l'execution ne soit pas faite au jour de Fête, ni de nuit.

Et c'est pourquoi l'Ordonnance veut que l'Huissier emploïe dans le Procez Verbal de l'execution, qu'elle soit faite devant ou aprés midi.

4°. Il faut mettre le nom du Requerant, pour savoir s'il a qualité & puissance de recevoir la dette.

5°. Il faut sommer le Debiteur en personne ou domicile, de païer la somme demandée en vertu de son Obligation, dont on lui baillera copie; & pour son refus si l'on entre dans sa maison, il faut apeler deux voisins pour y être presens, ou du moins les interpeller de le faire, & dresser Procez Verbal de leur refus; ensuite dequoi on execute les meubles portables.

6°. Il faut que les biens executez soient mis & déposez en main sûre chez un voisin solvable, (là où le Bureau des Saisies Mobiliaires n'a point d'établissement,) & l'on doit assigner l'executé à la huitaine franche au plus prochain Marché des lieux, pour être present à la venduë des biens sur lui executez, l'interpellant d'y faire trouver encherisseurs, lesquels biens seront vendus au raquit ordinaire.

7°. Toute execution doit être faite pour somme certaine & limitée, & l'on doit délivrer un Exploit d'execution à l'executé sur le cham, & lui signifier le nom du dépositaire.

La huitaine franche expirée, le dépositaire doit representer les biens de l'executé au courant du Marché, & l'on ajuge les meubles au plus ofrant & dernier encherisseur, en garnissant de l'argent comtant qui est baillé au crediteur sur sa demande.

Huitaine aprés on assigne le Debiteur pour voir juger les nams forgagez: Surquoi le Juge ordonne, que faute par lui de les délivrer dans une autre huitaine, ils demeurent aquis à l'adjudicataire.

Si le dépositaire ne represente les biens meubles executez, on prend défaut sur lui au jour des venduës que l'Oficier acorde; ensuite dequoi on prend un Mandement du Juge pour le faire executer par corps & biens, pour l'assujétir à representer les biens déposez entre ses mains.

L'usage pour le forgage est que pour les meubles morts, on prend un Mandement du Juge pour les faire forgager; mais pour les meubles vifs, il faut assigner l'executé, & obtenir une Sentence de forgage contre lui. Les dépens de l'execution & de la venduë se taxent par un Mandement de Justice; c'est à dire, si c'est contre un Roturier, par le Vicomte; si c'est contre un Noble, par le Bailli: Selon le bon sens, l'Oficier doit faire faire sa taxe au pié de la venduë seulement.

Formulaire d'Execution.

J'AI sommé & interpellé ... en parlant à ... & domicile ... midi, de païer audit .... la somme de .... suivant qu'il y est obligé par obligation de son fait du .... reconnuë .... ou bien passée .... & pour son refus aprés avoir apelé .... proches voi-

sins dudit... en parlant à... j'ai entré dans... saisi & executé ledit... par la prise & saisie de... & à lui fait aßignation parlant comme dessus, à comparoir de... prochain huitaine, au Marché, pour être present à la venduë qui se fera desdits biens pendant le plein cours du Marché sur les... heures... l'interpellant d'y faire trouver des encherisseurs, si faire le veut; en atendant lequel tems, je lui ai déclaré aller sequestrer iceux biens executez en la garde de... & faire mention de la sumission qu'en fera le gardien; lequel s'est sumis comme dépositaire de biens de Justice, de les representer audit jour, lieu & heure, presence de, &c.

Formulaire de Venduë.

JE me suis exprés transporté au Marché de... sur les... ou... heures; auquel Marché étant en son plein cours, j'ai exposé en vente... par moi executez ci-devant sur... pour avoir païement de la somme de... vertu d'une Obligation... lesquels Nams ont été representez par... dépositaire d'iceux; & aprés les avoir proclamez plusieurs & diverses fois, s'est presenté... lequel a declaré mettre à prix lesdits... à la somme de... & par ledit... à... & par ledit... à... auquel ils ont été croisez & ajugez, comme au plus ofrant & dernier encherisseur, à charge de soûfrir le tems de forgage : (Et si c'est un autre Adjudicataire que le Requerant, l'on met) *laquelle somme a été presentement garnie entre les mains dudit Requerant.*

Formulaire de Mandement pour faire forgager des Nams morts.

ET donné à entendre que... lui est redevable de la somme de... par obligation paßée... & que pour avoir païement de ladite somme, il l'auroit fait executer le... de... der-

nier, par la prise de ... qui auroient été ensuite vendus le ... par le prix de ... & dautant que le tems de forgage est passé : A ces causes, ledit Exposant demandoit être permis de faire sommer ledit ... de délivrer lesdits Nams dans trois jours ; à faute dequoy ils demeureront forgagez, & ledit Adjudicataire permis en faire son profit ; Ce *qu'acordé, &c. Pourquoi, &c.*

Formulaire de Forgage de Nams vifs.

DEvant Nous, &c. le ... de ... entre ... present en personne, assisté de ... son Procureur, & parlant par ... son conseil, demandeur en assignation qu'il avoit fait donner à ... pour voir juger forgagez ... sur lui executez instance de ... le ... jour de ... & vendus le ... de ... ensuivant, par le prix de ... en vertu d'obligation ... selon les fins de l'Exploit de ... du ... de ce mois, contrôlé le ... d'une part, & ledit ... present en personne, & par ... son Procureur, assisté de ... son Avocat, lequel a demandé tems de gager lesdits Nams, vû que la venduë a été faite à vil prix d'autre part : Nous disons que ledit ... retirera lesdits Nams dans la huitaine, à faute dequoi nous avons dés à present declaré lesdits Nams forgagez, & permis à l'Adjudicataire d'en faire son profit avec dépens taxez à ... Mandant, &c.

Quand il y a Sentence de forgage, on fait taxer les dépens de l'execution & de la venduë par la Sentence, auquel cas on peut demander les dépens dans les trente ans ; mais si le forgage se prend par un Mandement, on fait taxer les dépens par un autre Mandement, comme il ensuit.

Formulaire.

VOus mandons contraindre par toutes voïes dûës & raisonnables ... à la requête de ... pour la somme de ... que taxez avons audit ... pour les frais d'une execution & venduë faite sur ledit… instance dudit… par le ministere dudit… Huissier… les… de… Donné, &c.

Les dépens sont annaux; c'est à dire, aprés l'an on ne les peut demander.

Formulaire de Mandement pour contraindre & par corps un Dépositaire de Justice de representer biens executez.

E*T donné à entendre qu'il auroit fait executer… pour avoir païement de la somme de… vertu… par la prise de… lesquels auroient été deposez en la garde de… voisin dudit Executé, qui se seroit sûmis par corps & biens, de les representer aux venduës de ce lieu, le… de ce mois, comme il est constant par l'Exploit de… Huissier du… & dautant que ledit… n'a pas representé lesdits meubles aux venduës, comme il paroît par le Procez Verbal dudit… Huissier dudit jour, ledit… requerant nôtre Mandement, pour être permis de faire contraindre ledit… par corps & biens, pour l'assujétir de representer lesdits biens, ce qu'acordé avons, &c.*

Quand le Debiteur cache ses biens, l'Oficier dresse son Procez Verbal, de ce qu'il a trouvé les maisons fermées, & qu'il n'y a pû entrer, surquoi le Juge donne un Mandement d'ouverture, pour faire ouvrir les maisons, les coffres, & autres choses fermantes à clef, par un Maréchal ou Serrurier.

Formulaire de Mandement d'ouverture.

A*Donné à entendre que…. lui est redevable de la somme de…. par Obligation passée…. & qu'il n'a pû en recouvrer le païement; parce que ledit…. tient journellement les portes de ses maisons fermées, & qu'il cache ses biens, comme il paroît par le Procez Verbal de…. Sergent du…. & dautant que* *cette procedure est injuste, & qu'elle ne doit pas empêcher que les Creanciers dudit... ne soient païez de leurs justes dettes : A ces causes il nous requeroit nôtre Mandement pour être permis faire ouvrir lesdites maisons, portes, coffres & cabinets par un Maréchal & Serrurier, afin de saisir les meubles que l'on poura trouver dedans, & les faire vendre pour le païement de sa dette : Ce qu'acordé, &c.*

Un Sergent régulierement ne peut executer, ni exploiter hors l'étenduë de sa Sergenterie, s'il ne s'agit de l'execution d'un Arrest de la Cour ou du Conseil, ou de signification de Lettres Roiaux, ou que le Creancier n'ait pris des Lettres de Debitis, qui sont données pour faire executer dans toute l'étenduë du Roïaume, par le premier Sergent trouvé.

La deuxiéme Execution se fait par la saisie des meubles importables, comme les Blés engrangez ou les Cidres, dont la venduë se fait devant la porte de l'obligé, ou par la saisie des levées de Foins & de Blés qui sont encor en terre aprés la S. Jean-Baptiste, ou des Pommes & des Poires qui sont encor pendantes aux Arbres aprés la S. Gilles; parce qu'aprés ces tems toutes les levées sont réputées meubles.

La formalité que l'on doit observer dans la saisie des meubles, c'est que le Creancier prend un Mandement du Juge, pour être permis de faire saisir les meubles importables pour vendre les uns devant la porte de la maison, & les autres devant & au bout du cham ou du jardin. Cela fait, on saisit tous les meubles qui sont dans la maison de l'obligé, le Sergent selle de son Seau les portes des granges & des maisons, & baille les biens saisis en garde à un ou deux Commissaires solvables, qui s'obligent de les garder & de les representer, & qui signent sur le Registre du Sergent : Aprés on fait deux proclamations, l'une au Marché ordinaire des lieux; & l'autre à l'issuë de la Messe Paroissiale, dans lesquelles on déclare qu'on a saisi les biens de l'obligé, & que venduë en sera faite à un certain jour que l'on designe devant la porte de la maison de l'obligé au plus, &c. & afin que personne n'en prétende cause d'ignorance; le Sergent en afiche copie par Placard au poteau ordinaire du Marché, & à la grande & principale porte de l'Eglise; ensuite dequoi on procéde à la venduë des biens arrêtez au jour limité, & cela eſt fait aprés toutes les diligences : Car dans ces matieres il n'y a point de tems de forgage, à cauſe que l'executé a eu tems de chercher de l'argent, ou de trouver des Encheriſſeurs qui miſſent les biens à leur juſte valeur.

Dans la ſaiſie des levées on pratique les mêmes formalitez, à la réſerve que dans la ſaiſie des levées & dans les proclamations, on emploïe la déclaration des Terres où ſont les levées par bouts & côtez de ſituation & de continence, & que l'on bannit les levées ſur un prix certain pour être venduës au bout du cham ou du jardin, car il eſt défendu au Juge de les faire vendre pardevant lui.

Toutes ces procedures ſont du miniſtere du Sergent, mais le Mandement eſt du miniſtere de l'Avocat & de l'ofice de Juge.

Formulaire de Mandement pour faire ſaiſir les biens meubles importables.

ET donné à entendre que .... lui eſt redevable de la ſomme de.... par Obligation paſſée.... & dautant qu'il ne peut recouvrer de meubles portables ſur ledit.... ſufiſans pour le païement de ſa dette ; A ces cauſes il demandoit être permis ſaiſir les biens meubles importables (ou ſi ſont des levées on met) *ces levées pour les faire vendre au bout du Cham aprés les proclamations ordinaires faites & acomplies : Ce qu'acordé, &c.*

La troiſiéme execution s'apelle arreſt *in nominibus debitoris*, qui eſt un acte legitime que peut executer le Creancier, ſur les deniers dûs à ſon Debiteur pour le païement de ſa dette ; mais comme tout arreſt équipole à execution, il eſt ſans doute qu'il faut garder dans les arrêts les mêmes formalitez que dans les autres executions ; c'eſt à dire, qu'il faut faire une demande certaine, & bailler copie de la piece vertu de laquelle on a arrêté.

Il y a deux ſortes d'arrêts, l'un ſimple qui ſe fait par un Sergent ou Huiſſier ſans Aſſignation, l'autre judiciaire qui ſe fait par un Huiſſier avec Aſſignation ; & quand il y a des défenſes de Juſtice de païer, il ne peut païer qu'aprés trente ans. Il faut que l'aſſigné vienne en Juſtice ſigner ſa declaration de ce qu'il doit ; & s'il ne comparoît pas, on le coûtumace, & pour le benefice de la coûtumace on le juge redevable de la somme demandée avec dépens; s'il comparoît il signe sa déclaration certaine & précise de la somme qu'il doit, qu'il obéit païer à qui par Justice sera ordonné, en lui ajugeant ses dépens les premiers pris sur les deniers par lui dûs, & en faisant venir en cause le redevable pour consentir ou contredire l'arrest.

Cela fait, l'arrêtant doit faire congedier celui entre les mains duquel il a arrêté; parce qu'il sera raproché en difinitive pour emporter ses dépens les premiers pris sur les deniers arrêtez, ensuite dequoi il assigne le redevable, ou celui pour la dette duquel on arrête pour contredire ou consentir l'arrest.

Si le redevable ne comparoît, on juge l'arrest par coûtumace; & s'il comparoît à moins qu'il n'opose contre l'arrest, on juge le profit du défaut, & en jugeant on ajuge les dépens de l'arrest à l'arrêtant en privilege sur les deniers arrêtez, & on les juge à celui entre les mains duquel on a fait arrest d'un jour seulement, sur les deniers qu'il doit.

Mais les contestations qui arrivent sur les arrêts, se rencontrent en divers arrêtans sur un même denier, auquel cas on ajuge les deniers arrêtez au plus ancien Creancier; parce que *qui prior est tempore, potior est jure;* mais le premier arrêtant qui a amené cette cause à la Cour emporte les dépens de l'arrest les premiers pris, parce que sa vigilance a profité à celui auquel les deniers sont ajugez, *& quia vigilantibus, non dormientibus jura subveniunt.*

Cette régle generale qui ajuge les deniers au plus ancien Creancier soûfre ses exceptions; car elle cesse au regard d'un Creancier posterieur qui est privilegié.

La quatriéme execution se fait à la personne du Debiteur, c'est à dire, contrainte & par corps.

Pour entendre la contrainte & par corps, il faut savoir la vieille & nouvelle Jurisprudence.

Anciennement on se pouvoit obliger en toutes sortes de matieres par corps & biens; mais comme cette obligation est rigoureuse & contraire à la liberté des François, le Roi par son Ordonnance de 1667. a aboli les Obligations & par corps en la plûpart; cependant il en reste quelques-unes qu'il faut expliquer.

1°. Il faut savoir que par la Loi des XII. Tables, il étoit porté que le corps du Debiteur pouvoit être vendu par les Creanciers, & reduit

duit en servitude, & même ceux de ses enfans, *corpus debitoris in partes dividatur.*

2°. Il faut savoir qu'il y a des Obligations qui transissent & par corps de plein droit, & d'autres qui n'y transissent pas, si elles ne sont expressément stipulées.

Les Tuteurs, les Prevôts, Receveurs, les Meûniers, les Dépositaires de Justice, & tous ceux qui mettent la main aux deniers du Roi, sont obligez naturellement par corps sans aucune stipulation.

On peut s'obliger par corps pour le prix des Baux à ferme, pour dépôt necessaire, pour stellionnat, pour reintegrande, ou pour consignation de deniers; & les Obligations qui se font de Marchand à Marchand dans les Foires ou hors les Foires, transissent par corps de plein droit sans aucune stipulation.

Les Obligations sont pour le commerce si fortes, que le tablier de la femme oblige le mari, ou pour mieux dire, que la femme qui negocie, oblige son mari & par corps à toutes les dettes qu'elle contracte en consideration de son commerce.

Il faut observer que les Obligations & par corps contractées auparavant l'Ordonnance s'executent encor à present, parce que les Loix ne réforment que l'avenir, & non pas le passé, *Leges dant formam futuris negotiis, non vero præteritis.*

On peut condamner un homme par corps quand il refuse d'obéir à Justice. S'il ne veut pas quitter la possession d'un heritage, il est condamné de restituer, & païer des dépens jugez par Jugement Souverain, c'est à dire, du Présidial ou de la Cour quand les dépens excedent la somme de 200 liv. & qu'il y a quatre mois expirez du jour de la signification de l'executoire de dépens.

Il faut aussi remarquer qu'auparavant l'Ordonnance, les sûmissions d'aquiter une rente ou une autre somme transissoient & par corps de plein droit, & que cela s'execute encor pour les sûmissions qui ont précedé l'Ordonnance, mais non pour celles qui ont été faites depuis qu'elle a été publiée.

La cinquiéme execution est celle qui se fait par decret des immeubles, mais comme nous avons un titre particulier pour cela, nous n'en parlerons pas à present.

Aprés avoir traité des executions, il est necessaire de parler des moïens qui peuvent en empêcher l'éfet.

Pour cela, il faut observer que quand on veut arrêter le cours d'une execution, il faut avant toutes choses oposer à l'execution.

Cette oposition se peut former par trois sortes de personnes : La premiere est de la part de l'obligé : La seconde est de la part d'une tierce personne qui reclame le Nams executé, comme à lui apartenant : La troisiéme est par un autre Creancier qui prétend être païé par préference sur le prix de la venduë du Nams executé.

La premiere oposition est fondée sur le défaut de la matiere ou de la forme de l'execution : Sur la matiere, quand la dette n'est pas bien dûë, qu'elle est quitte ou prescrite : Sur la forme, quand on n'a pas observé les formalitez prescrites par l'Ordonnance ; mais ce dernier moïen est toûjours foible, & comme il ressent la chicane, on n'y a pas égard, à moins qu'on n'executât les biens défendus par l'Ordonnance, & que l'on ne fit pas des demandes certaines. Cette oposition se peut toûjours former aprés la venduë, parce que l'exception de quittances est perpetuelle ; mais quand elle ne regarde que la formalité, on ne peut plus oposer aprés un forgage.

La seconde oposition qui se fait par des tierces personnes, est fondée sur ce que le Nams executé leur apartient, ce qui se doit justifier par écrit ou par témoins : Par écrit, comme quand un homme baille une Vache à loüage qui est executée pour la dette de celui qui l'a en garde ; celui à qui apartient la Vache peut oposer contre l'execution pour en avoir délivrance, ou bien, il faut verifier qu'elle lui apartient par témoins.

Cette oposition d'ordinaire reüssit, mais l'obligé en est toûjours condamné aux dépens ; toutefois quand il y a fraude on n'y a pas d'égard, *quia deceptis & non decipientibus jura subveniunt*, ou bien quand l'execution est faite pour les rentes Seigneuriales, ou pour le prix du Bail à ferme de l'heritage sur lequel on execute, *quia in utraque casu advecta & illata tacitè sunt domino obligata.*

Or la fraude de cette oposition se découvre par la parenté d'entre les parties, entre l'oposant & l'executé, *quia inter affines fraus de facili præsumitur.*

Cette oposition se doit signifier dans l'an, aprés quoi on n'y est plus recevable.

La troisiéme oposition se forme par un autre Creancier qui se prétend anterieur ou privilegié. Le tems le rend anterieur, la cause de l'obligation le rend privilegié, comme quand le Nams pris par execution a été vendu à l'executé, & que l'argent de la vente lui est encor dû ; mais l'executant a toûjours les frais de ses diligences en privilege.

Il faut aussi savoir que quand un Fermier est executé par un autre que son Maître, le Maître peut oposer & empêcher l'execution, jusques à ce qu'il soit entierement païé, & même qu'il peut empêcher que la Ferme ne soit démeublée ; mais cette oposition se doit signifier avant la venduë, car aprés la venduë le denier est à l'executant.

Mais comme les opositions peuvent tirer en longueur, on prend, en attendant qu'elles soient jugées, un Mandement du Juge pour être reçû oposant, & pour être ressaisi des biens executez, en baillant caution de les representer si faire se doit aprés la vuide de l'oposition, & c'est ce que nous traitons dans ce Titre de délivrance de Nams.

Ce Titre est particulierement pour les Seigneurs qui executent leurs Vassaux pour des choses qui ne leur sont pas dûës, mais l'usage en a défendu la pratique à toutes sortes d'executions.

Le Seigneur ne peut faire executer hors son fief ; mais si le Vassal n'y est domicilié, le Seigneur le peut obliger d'établir son domicile, ou designer comme il consent d'être executé tant sur le fief que hors le fief ; il peut aussi prendre un Mandement pour être permis d'executer hors son fief.

Le Seigneur peut saisir pour ses rentes & pour ses droits les bêtes pâturantes sur le fonds de son Vassal, ce qui se fait en vertu de la Seigneurie directe qu'a retenuë le Seigneur en fiéfant son heritage ; de même il peut saisir & executer toutes les bêtes trouvées en dommage sur son fief, quoiqu'elles n'apartiennent pas à ses Vassaux ; ce qui est permis à toutes sortes de personnes qui peuvent saisir de leur autorité privée toutes les bêtes qu'ils trouvent en dommage sur leur fonds, & les mettre au Parc pour assurer leurs interêts.

La Coûtume veut que dans la délivrance de Nams le Juge prenne caution ; cependant quand l'execution est visiblement mauvaise, & que l'oposant est notoirement solvable, il peut lui en ajuger délivrance à sa caution juratoire, & comme dépositaire de Justice ; c'est toûjours le plus sûr de prendre caution, car le Juge en est responsable.

Formulaire de Mandement de délivrance de Nams.

ET donné à entendre qu'il a été executé instance de ... pour être païé de trois années d'arrerages de ... Boisseaux de ... de rente Seigneuriale, suivant l'Exploit d'execution fait par ... Sergent dû ... de ce mois, & dautant que ladite execution est nulle, vû que ledit Exposant ne doit rien desdites rentes : A ces causes il requeroit nôtre Mandement, pour être reçû oposant contre ladite execution, & pour cependant être ressaisi des biens sur lui executez en baillant caution de les representer si faire se doit, ofrant pour cet éfet la personne de ... qui s'oblige solidairement par corps avec lui de representer lesdits Bestiaux : Ce qu'acordé, &c.

Formulaire de Mandement pour executer hors le Fief.

ET donné à entendre qu'il lui est dû plusieurs rentes par ses Vassaux, & dautant qu'il n'en peut être facilement païé, à cause que la plûpart desdits Vassaux sont résidens & domiciliez hors de son fief : A ces causes il requeroit nôtre Mandement pour être permis executer ses Vassaux, pour les rentes tant sur son fief que hors son fief : Ce qu'acordé, &c.

TITRE V.

DE PATRONAGE D'EGLISE.

LE droit de Patronage eſt un droit honorable & utile, acordé au Seigneur d'un fief, pour avoir fondé, dotté & conſtruit l'Egliſe, en vertu duquel il a non ſeulement les honneurs de l'Egliſe, mais il peut y preſenter un Curé qui doit nourir ſon Patron en cas qu'il tombât en neceſſité.

L'origine de ce droit procede de la neceſſité des Prêtres qui ſervent à l'Autel, & qui en doivent vivre ſelon la régle ordinaire, *qui altari ſervit, de altari vivere debet.* Dans l'ancienne Loi la chair qui reſtoit des Victimes & des Sacrifices que l'on ofroit à Dieu, apartenoit aux Prêtres & aux Levites, & c'eſt dequoi ils tiroient leur nouriture; mais dans la nouvelle Loi que les Sacrifices ont été abolis, & que l'on n'ofre plus que des Holocauſtes d'amour & de charité, il a falu trouver d'autres moïens pour nourir & entretenir les Miniſtres qui ſervent à l'Autel, ce que l'on n'a pû rencontrer que dans les aumônes des fideles & dans la donation des dîmes: Et comme cela ne s'eſt pû faire ſans le conſentement des Seigneurs des fiefs, pour les y engager on a fait violence au droit commun, en les faiſans Patrons des Egliſes, & en leur mettant un droit entre les mains qui eſt annexé à la ſpiritualité.

Il y a deux ſortes de Patrons, ſavoir le Patron laïque, & le Patron Ecléſiaſtique.

Le Patron laïque eſt celui qui a droit de preſenter aux Benefices, à cauſe d'un fief qu'il poſſede par ſucceſſion ou par aqueſt.

Le Patron Ecléſiaſtique eſt celui qui a droit de preſenter, à cauſe du Benefice qu'il possede. Leurs régles sont diferentes ; car le droit de Patron laïque est invulnerable, si ce n'est en cas de simonie ou d'heresie ; car en ce cas les choses retournent dans le droit commun, c'est à dire, que l'Evêque y presente ; & cela est si vrai, que par les dernieres Déclarations du Roi, les Religionnaires sont privez de presenter aux Benefices dont ils sont Patrons, & le droit de presenter est dévolu à l'Evêque : Mais le droit des Patrons Eclésiastiques est sujet à beaucoup d'accidens, puisque son éfet peut être empêché par des resignations, permutations, & par la prévention du Pape : Ce qui est si vrai, que quand le Patronage est alternatif entre un laïque & un Eclésiastique, & que le Pape par prévention a presenté pour l'Eclésiastique, son tour est rempli, ensorte que c'est au Patron laïque à presenter aprés la mort du Curé nommé par le Pape.

Le Patron laïque est honoraire & presentateur : Il est honoraire seulement quand il a donné le droit de presenter à l'Eglise ; & quand il ne le lui a pas donné, il est honoraire & presentateur. Le droit de Patron consiste dans les honneurs de l'Eglise pour lui, sa femme, & ses enfans.

1°. Dans la séance dans le Chœur, où il peut mettre un banc, outre qu'il peut encor avoir le premier dans la Nef, comme premier Paroissien.

2°. Dans le pas qu'il a le premier à la Procession.

3°. Parce qu'il va à l'Ofrande le premier.

4°. Parce qu'on doit lui ofrir le premier du Pain beni.

5°. Parce qu'on le doit recommander aux Prieres, en faisant le Prône.

6°. Parce qu'il a droit de Sépulture dans le Chœur de l'Eglise & sa famille ; & peut faire une litre ou ceinture funebre tant dehors que dedans.

7°. Parce que si l'on trouve un tresor dans le Chœur de l'Eglise, il lui apartient, étant obligé de l'entretenir.

8°. Parce que s'il tombe en pauvreté son Curé le doit nourrir.

9°. Parce que les Patrons tant laïques qu'Eclésiastiques peuvent presenter un Curé Eclésiastique capable d'administrer le Benefice par son âge, par sa sience & par ses mœurs dans les six mois que la mort du dernier possesseur est sçûë communément ; & le Curé qu'ils presentent, doit leur porter honneur & respect, autrement on le prive du Benefice, comme un ingrat.

Comme ce Droit est un droit d'honneur, tous les hommes sont jaloux de le conserver; & quoiqu'il soit imprescriptible, il est certain qu'on peut plaider pour la possession, & pour la proprieté du Patronage.

La possession fait obtenir la recreance, c'est à dire, que celui qui a presenté le dernier, peut en presenter un nouveau, & que le nouveau est maintenu provisoirement dans le Benefice; & cela n'empêche pas que sur la proprieté on examine les droits des Parties.

Mais le procez & le litige de Patronage n'est point formé que quand il y a un Mandement obtenu & signifié, Assignation donnée, & contestation entre les Parties.

C'est la vieille Ordonnance d'écrire & produire.

On plaide toûjours devant le Juge Roïal pour le Patronage, & non devant le Juge Haut-Justicier; & le Procez n'est point censé fini, qu'aprés qu'il y a eu jugement difinitif, & amende païée : Cependant si le Benefice vâque, le Roi y presente, pendant que le Procez dure, & jusqu'à ce qu'il soit autrement jugé.

Outre cela le Roi a le droit de Régale, par lequel il presente à tous les Benefices des Evêchés & Archevêchés vacans depuis la mort du dernier Prélat, jusqu'à ce que le nouveau pourvû ait prêté serment de fidelité à la Chambre des Comtes.

La presentation laïque peut varier, c'est à dire, que quand il a presenté un Curé incapable, qui est refusé par l'Evêque, il en peut nommer un autre; mais le Patron Eclésiastique n'a pas ce privilege, parce qu'il doit connoître la sufisance de ceux qu'il presente.

On met le Roi au nombre des Patrons Eclésiastiques, à cause de l'Onction sacrée de sa Personne, & par là on dit qu'il ne peut varier, ce qui me semble moins solide que subtil, parce que le Roi se raporte aux Eclésiastiques d'examiner la sufisance de ceux qu'il presente, & qu'il doit avoir plus de privilege qu'un simple Gentilhomme.

Le Roi a encor deux privileges tous particuliers sur les Benefices, dont l'un est que pour être Patron, il ne lui faut pas d'autre glebe que sa Couronne; & l'autre, que quand il donne une Garde-noble, il retient de plein droit les Patronages qui y sont attachez.

Les Procez qui arrivent pour les Patronages viennent de l'usurpation qu'un Gentilhomme fait sur un autre en son absence ou pendant sa minorité : Car lorsque celui qui est veritablement Patron fait connoître l'usurpation, il r'entre dans son droit nonobstant le tems encouru, quelque long qu'il puisse être, parce que le droit de Patronage est imprescriptible, à cause qu'étant autant spirituel que temporel, il ne tombe pas dans la prescription, & d'ailleurs qu'un Curé presenté, pouvant vivre quarante ans Curé, une seule presentation pouroit aquerir le droit.

Ces contestations viennent aussi du partage des fiefs qui se fait entre filles, qui stipulent quelquefois qu'il sera alternatif, que les honneurs seront égaux, à la réserve de l'aînée qui a toûjours le premier pas; elles procedent aussi de ce que dans une Paroisse il y a quelquefois trois ou quatre Patrons, ce qui s'est fait, parce que dans la concession les divers Seigneurs des fiefs de la Paroisse se sont retenus le droit de Patronage, & ont fait plusieurs portions de Cure, si bien que chacun a son Curé, chacun son pannier pour le Pain beni, ou bien chacun a les honneurs dans la semaine de son Curé, à la réserve que le premier Patron qui est celui de la plus grande portion, a la premiere place de l'Eglise, qui est du côté de l'Evangile, c'est à dire du côté gauche à l'égard des hommes, & du côté droit à l'égard de l'Autel, parce que la droite de Dieu est la gauche des hommes.

Ces démêlez peuvent aussi proceder de ce qu'il y aura un Patron à cause de la fondation de l'Eglise, c'est à dire celui qui a donné le fonds sur lequel elle est bâtie; un autre à cause de la construction, c'est à dire celui qui l'a fait bâtir; un autre pour la dotation, c'est à dire qui aura donné du revenu à l'Eglise pour l'entretien du Service Divin.

Le premier qui a fondé est le plus noble. Celui qui a bâti tient le second rang. Celui qui a doté tient le troisiéme.

La procedure sur le Patronage est que quand deux Curez sont presentez à un même Benefice par deux divers Patrons, & qu'ils ont pris possession, celui qui croit avoir plus de droit, opose contre la prise de possession de l'autre, & prend un Mandement du Juge pour être oüi sur l'oposition: aprés que les deux presentez se sont communiquez leurs qualitez, c'est à dire leur ordre & leur presentation, ils rendent en cause leurs Patrons, lesquels se communiquent respectivement, ensuite dequoi on juge la recreance du Benefice au profit du presenté par le Patron, qui a le droit le plus aparent. La recreance étant jugée, on régle les Parties à écrire & produire sur la proprieté du Patronage; & à moins que celui contre lequel la recreance est jugée,

jugée, ne justifie de pieces nouvelles pour la faire retracter, il est debouté de sa prétention avec dépens.

Brief de Patronage d'Eglise.

ET donné à entendre qu'à cause du Fief de.... il est Patron Presentateur dudit lieu, & que le Benefice de ladite Eglise aiant vâqué par le decez de ... Prêtre, il y auroit presenté la personne de ... lequel aprés avoir pris sa collation de l'Ordinaire, auroit pris possession dudit Benefice le.... & dautant que ledit Exposant a apris que Maître.... Prêtre auroit aussi été presenté audit Benefice, par.... en consequence dequoi il en auroit pris possession : A ces causes ledit Exposant requeroit nôtre Mandement, pour être permis d'oposer contre ladite prise de possession, & pour faire assigner tant ledit.... Prêtre que ledit... pour faire juger ledit Prêtre intrus, & que ledit Requerant sera maintenu audit Benefice à son préjudice, &c.

Forme de Presentation.

NOUS soussigné Ecuyer, Seigneur & Patron de l'Eglise de.... atestons à tous qu'il apartiendra, qu'aïant en consideration la vertu, les mœurs & la capacité de Maître.... Prêtre de.... du Diocese de.... habitué dans l'Eglise de.... Nous lui avons donné & donnons le Benefice & Cure de.... vacant par le decez de Maître... Prêtre & Titulaire d'icelui, consentant qu'en vertu de la presente donation, il se puisse presenter à Monseigneur l'Evêque de... ou autre aïant de lui pouvoir pour prendre la collation dudit Benefice, pour ensuite se mettre en possession d'icelui, dequoi nous prions humblement ledit Seigneur Evêque : En témoin dequoi Nous avons signé le present de nôtre main, & icelui sellé du Cachet de nos Armes. Donné en nôtre Manoir Seigneurial le....

TITRE VI.

DE MONEAGE ET FOUAGE.

IL n'y a rien de plus necessaire pour l'entretien du commerce que l'établissement de la Monoïe, dont le cours étant toûjours sur un prix certain, fait que l'on sait avec certitude ce que l'on doit avoir d'argent pour acheter les choses necessaires, d'où vient que le changement du prix de la Monoïe aporte toûjours un notable préjudice au public : Et comme il n'y a que le Roi seul qui la puisse changer & forger, il prend sur chaque feu un sol de trois ans en trois ans, ce qui s'apelle aide de Moneage ou de Foüage, parce qu'il se prend sur chaque feu, ou sur chaque famille; Mais du païement de cet aide, sont exemts tous Religieux, Clercs constituez és saints Ordres, Sergens, fiefs des Eglises, Beneficiers, personnes Nobles, leurs femmes & enfans, femmes qui n'ont 20 sols de rente, ou 40 s. de meubles, hors leurs robes & utensiles, & toutes autres personnes aïant exemtion & privilege à cause de leurs personnes ou demeures, ou qui sont en possession de ne rien païer dudit droit dudit aide: La Châtellenie de S. Jacques & le Val-Mortain sont exemts dudit Moneage, aussi-bien que tous les Barons aïant sept Sergens ou Officiers en leurs Baronnies.

Il n'y a que le Juge Roïal, c'est à dire le Vicomte qui connoît de Moneage.

TITRE VII.

DE BANON ET DEFENDS.

BAnon veut dire Public, Défends veut dire des Terres, dont l'entrée est toûjours défenduë : Ce titre est établi particulierement pour les terres de la campagne qui ne sont point fermées, ni closes de fossez, lesquelles sont publiques & communes à tous proprietaires pour le pâturage, mais qui neanmoins sont défenduës depuis la mi-Mars jusques à la sainte Croix en Septembre ; & dans les autres tems elles sont communes, si elles ne sont closes ou défenduës d'ancienneté.

Il y a trois exceptions à cette régle generale : La premiere est, que les Bois sont toûjours en défends, si ce n'est pour ceux qui ont droit de coûtume & d'usage, & qui en doivent user suivant l'Ordonnance : Les usages sont d'avoir droit de panage & de pâturage, le verd en gisant, le sec en étant, droit de chaufage, & droit de prendre du Bois pour bâtir.

La seconde est, que toutes terres cultivées & ensemencées sont en défends, jusques à ce que les fruits soient recueïllis.

La troisiéme est, que les Chevres & les Porcs sont toûjours en défends, & autres bêtes mal-faisantes, c'est à dire, qu'il est défendu de les mettre pâturer dans les terres communes ; parce que leur morsure fait mourir les herbes, & gâte l'autre bestial, si bien qu'on peut les tuer quand on les trouve en dommage, & quand le proprietaire des Pourceaux a été averti auparavant ; car c'étoit l'espece de l'Arrest rendu à la petite Audience, plaidans Me Michel de Lespinay, & Me Augustin le Bourgeois; ainsi qu'il a été jugé par Arrest de la Cour du 6. Mars 1676. pour des habitans d'Ivetot.

Il y a une quatriéme exception qui est, qu'il est permis à un chacun d'acommoder sa terre de fossez & de haïes, en gardant les chemins Roïaux de la largeur contenuë en l'Ordonnance, & les chemins & sentes pour les voisins, auquel cas il n'est plus permis à d'autres de mettre des bêtes pâturer dans sa terre.

TITRE VIII.

DE BENEFICE D'INVENTAIRE.

C'Est une maxime de droit que l'adition d'heredité, c'est à dire la prise d'une succession, engage l'heritier à païer toutes les dettes du défunt, non seulement jusques à la concurrence des biens de la succession, mais aussi de tous les biens de l'heritier, & cela se fait par un Contrat tacite entre l'heritier & les creanciers du défunt de plein droit, & sans aucune stipulation expresse. *Aditione hæreditatis tacitè contrahimus cum creditoribus hæreditariis, hæres enim tenetur præstare factum defuncti*, avec les creanciers de la succession; car celui qui se rend heritier s'oblige au même tems aux dettes.

On se peut porter heritier en deux façons.

La premiere est en qualité d'heritier absolu, & en ce cas on se sûmet au païement de toutes les dettes du défunt.

La seconde est en qualité d'heritier par benefice d'inventaire, & en ce cas l'on ne sera pas obligé de païer les dettes du défunt, outre la valeur des biens que l'on trouve dans la succession.

Ce benefice s'apelle *jus deliberandi*, c'est à dire une grace & un droit de déliberer: Il s'acorde *ne hæres teneatur erga creditores defuncti ultra vires hæreditarias*: Il est aussi établi pour conserver les heritages dans les familles, qu'un heritier présomptif abandonneroit souvent, si la loi ne lui donnoit pas un moïen pour prendre les biens de la succession sans païer les dettes au-delà de leur valeur.

Cela présuposé, il faut savoir celui qui peut être heritier beneficiaire, les formalitez qu'il doit observer, & les obligations où il est engagé, aprés avoir défini le benefice d'Inventaire.

Le Benefice d'Inventaire eſt une grace acordée par le Roi & par la Coûtume à l'heritier préſomptif d'un défunt, pour être reçû à aprehender ſa ſucceſſion, ſans être tenu au païement de ſes dettes, en outre les forces de la ſucceſſion.

Il faut être parent du moins au ſeptiéme degré, pour être reçû à ſe porter heritier beneficier. Le plus proche eſt preferé au plus éloigné, mais le plus éloigné l'exclud quand il ſe titre d'heritier abſolu, parce qu'il fait l'avantage de tous les creanciers du défunt, en aſſujétiſſant tous ſes biens propres au païement deſdites dettes, outre ceux de la ſucceſſion. Mais un mineur n'a pas ce privilege, dautant que ſa qualité n'eſt pas aſſurée, puis qu'étant devenu majeur, il peut abandonner la ſucceſſion.

Il faut neanmoins prendre garde qu'encore que la Coûtume porte ſans diſtinction, que l'heritier abſolu exclud l'heritier beneficiaire, les Arrêts de la Cour ont jugé que cela ſe doit entendre à l'égard des heritiers collateraux, & non pas à l'égard des heritiers en ligne directe, qui ne peuvent être exclus par des parens collateraux, ni par les heritiers même en ligne directe : enſorte qu'un fils heritier beneficiaire ne peut être exclus par un parent en ligne collaterale, qui voudroit ſe porter heritier abſolu, & qu'un frere heritier beneficiaire, ne peut être exclus par ſon frere heritier abſolu.

Les formalitez que doit obſerver l'heritier beneficiaire conſiſtent en ce qui enſuit.

1°. Il doit dans les quarante jours aprés le decez du défunt, obtenir des Lettres de benefice d'inventaire à la Chancellerie : On ne tient pas à rigueur de ce tems, quand la ſucceſſion eſt jacente & non aprehendée.

2°. Il doit faire perquiſition au domicile du défunt, pour ſavoir s'il y a aucun de la parenté dans le ſeptiéme degré, qui ſe vueille porter heritier abſolu du défunt.

3°. Il doit faire aſſigner les Parens du défunt juſqu'au ſeptiéme degré, qui ſe voudroient porter heritiers abſolus, pour contredire ou conſentir l'enterinement du benefice d'inventaire à la prochaine Aſſiſe, laquelle aſſignation ſe doit faire à l'iſſuë de la Meſſe Paroiſſiale du lieu où ledit défunt étoit domicilié, & ce doit être le Dimanche le plus éloigné de l'Aſſiſe, à laquelle Aſſiſe on prend un défaut ſur les parens ; on fait enſuite deux pareilles aſſignations en mêmes intervales, & au troiſiéme défaut les parens ſont coûtumacez ; mais auparavant que de juger le benefice de la coûtumace, l'heritier beneficier doit faire une assignation d'abondant aux lignagers, pour voir passer par adjudication le benefice d'inventaire à son profit, au préjudice de tous absens & non contredisans, ce qui se fait pareillement à jour de Dimanche dans les mêmes intervales; & à cette Assise le benefice lui est ajugé, au préjudice de tous absens & non contredisans : ce qui n'exclud pas toutefois la femme mariée ni le mineur en rendant les frais du benefice d'inventaire.

Les obligations où l'heritier est engagé consistent en quatre choses.

La premiere est, de faire repertoire des lettres & écritures, & les mettre en sûreté, afin de faire connoître l'état auquel étoit la succession quand il l'a aprehendée; autrement s'il mettoit la main aux papiers auparavant que d'en faire l'inventaire, il seroit reputé pour heritier absolu : Car c'est une maxime, que tout homme qui met la main dans un bien dont il doit rendre comte, doit faire inventaire des lettres & des meubles, autrement *de dolo tenetur*.

La seconde est, qu'il doit faire faire repertoire des meubles, & les faire estimer ou les faire vendre, afin de tenir comte du prix au benefice des creanciers, selon l'ordre de priorité & de posteriorité; & sur le prix des meubles, on porte les frais du benefice d'inventaire en privilege, & de tout ce qui s'est fait pour l'enterinement, parce que le benefice d'inventaire est avantageux au défunt, à ses creanciers & à son heritier.

1°. Il est avantageux au défunt d'avoir un heritier, *ne ejus memoria ignominiâ afficiatur*.

2°. Il est avantageux aux creanciers d'avoir une personne contre laquelle ils puissent exercer leur action pour éviter l'incertitude des jugemens donnez par coûtumace, & l'apel d'une assignation à ban contre des heritiers qui ne comparoissent pas.

3°. Il est avantageux à l'heritier qui peut conserver les biens de sa Famille par ce moïen, sans engager son bien propre aux dettes du défunt; & cela est si vrai, que l'heritier se peut faire païer des dettes qu'il porte sur le défunt dans l'ordre de son hipoteque, parce que s'il renonçoit, il seroit païé; & qu'en faisant les avantages aux creanciers, il ne doit pas être privé de son dû, *bonum officium nemini debet esse damnosum*.

La troisiéme obligation est, que l'heritier beneficier doit bailler caution au Sergent qui a fait l'inventaire du prix de l'estimation des meubles qui peuvent être saisis & vendus par les creanciers de la succession, auparavant que l'état des prix en ait été fait.

La quatriéme obligation est, qu'il doit faire passer par adjudication l'usufruit de ses immeubles, & faire vendre les levées, afin d'en tenir état au benefice des creanciers.

Pendant que l'enterinement du benefice d'inventaire se poursuit, les creanciers peuvent poursuivre l'heritier aspirant pour reconnoître les faits du défunt, & pour interrompre la prescription ; mais ils ne peuvent jamais l'executer en ses biens propres pour les faits dudit défunt, ils doivent adresser leurs executions sur les biens de la succession.

Il faut aussi observer que dans tous les actes que fait un heritier beneficier, il doit prendre cette qualité, afin qu'il ne passe pas pour heritier absolu.

Un heritier beneficier peut, quand il veut abandonner le benefice d'Inventaire en rendant comte de ce qu'il a touché, parce que *invitò beneficium non confertur.*

STILE DE PROCEDER.

Formulaire de Benefice d'Inventaire.

LOUIS ... à nôtre Bailli ... reçû avons l'humble suplication de ... contenant que depuis ... un tel ... seroit allé de vie à decez, le Supliant étant habile & prochain à succeder à tous ses biens meubles & heritages demeurez aprés son decez ; & neanmoins il n'a osé ni oseroit se porter heritier absolu dudit défunt, pour doute qu'il a que la succession lui fût plus onereuse que profitable pour les dettes & charges qui pouroient être en icelles, à raison dequoi, & pour éviter que tous les biens de ladite succession ne soient perdus ou autrement au préjudice des creanciers dudit défunt, le Supliant nous a requis nos Lettres pour être permis prendre

dre & aprehender icelle succession par benefice d'inventaire, & provision au cas apartenant, qu'acordées lui avons : Pourquoi, ce consideré, vous mandons que s'il vous est aparu ou apert de ce que dessus ou autres choses à sufire ; vous audit cas, aprés inventaire fait des meubles de lad. succession, si fait n'a été, diligences à ce requises & necessaires, dûëment faites & acomplies, receviez le Supliant ; & lequel voulons par vous être reçû à aprehender lad. succession par benefice d'inventaire, pour par lui en joüir & icelle posseder, à la charge de tenir comte du prix & valeur d'icelle aux legitimes creanciers dudit défunt, à la charge aussi par le Supliant de bailler caution sufisante de païer jusqu'à la valeur dudit inventaire, sans que pour raison de ce il soit tenu aux dettes & hipoteques dudit défunt, en plus avant que pouroit monter la valeur dudit inventaire ; à quoi faire nous l'avons admis, reçû & autorisé, permettons & autorisons par ces Presentes de grace speciale, parce que s'il se presente aucun parent dudit défunt dans le septiéme degré qui se veuille porter heritier absolu, il y sera reçû en remboursant le Supliant du benefice d'inventaire ; pourvû toutefois que ledit Exposant ne se soit immiscé en lad. succession, ni fait acte d'heritier absolu d'icelui ; Car tel, &c. Mandons, &c.

Ces Lettres obtenuës, on fait une perquisition au domicile du défunt en la forme qui ensuit, par un Sergent ou Huissier.

A La requête de ... porteur de Lettres par lui obtenuës en la Chancellerie à Roüen le ... signées sur le repli par le Conseil .. & sellées en double queuë de cire jaune avec paraphe, par lesquelles led. ... où lesd. ... sont permis de prendre & aprehender par benefice d'inventaire la succession de .... d'un Mandement obtenu par led. ... de Me ... dûëment signé & sellé, par lequel led. ... pour parvenir à l'éfet & enterinement desd. Lettres, est permis de faire ample perquisition & recherche des parens & lignagers en general, jusques & dans le septiéme degré dud. ... qui se voudront dire & porter heritiers sim-

ples absolus , tant au domicile où il est decedé, scis ... Paroisse ... qu'au voisinage d'icelui, & n'en trouvant aucuns , ajourner les parens & lignagers en general, jusques & dans le septiéme degré d'icelui ... qui se voudroient dire & porter heritiers simples absolus,tant au domicile qu'à l'issuë de la grande Messe Paroissiale de ladite Paroisse de ... le tout à jour de Dimanche,à comparoir au lendemain du quarantiéme, suivant le present Exploit, & autres jours ensuivans tant que besoin sera, pardevant ... pour dire & declarer s'ils entendent se porter heritiers simples absolus dud ... autrement & à leur refus de ce faire, voir ordonner que l'éfet & enterinement desd. Lettres de benefice d'inventaire sera acordé audit ... à leur préjudice ; Je me suis exprés transporté en certaine maison & domicile scis ... où est demeurant ... où étant, en parlant à ... viron neuf heures de matin, & en laquelle ledit ... demeuroit lors de son decez , & en parlant à ... & plusieurs autres voisins dudit domicile, j'ai fait perquisition & recherche des parens & lignagers en general, jusques & dans le septiéme degré dudit ... qui de lui se voudroient dire & porter heritiers simples absolus, dont je n'ai pû avoir de connoissance, m'aïant lesdits dessus nommez dit qu'ils n'en connoissoient aucuns ; à raison dequoi parlant ausdits voisins, j'ai fait assignation ausd. parens & lignagers en general, à comparoir ... pardevant ... pour dire & declarer s'ils s'entendent porter heritiers simples absolus dudit ... autrement & à leur refus, voir acorder audit ... l'éfet & enterinement de sesd. Lettres de benefice d'inventaire, & permis aprehender la succession, tant mobile qu'hereditaire de ... répondre en outre jouxte les fins contenuës, tant ausdites Lettres que Mandement, devant énoncez & dattez, faisant commandement ausdits ... voisins, que s'ils ont ou leur vient à connoissance d'aucuns desdits parens & lignagers dudit ... qui se veulent dire & porter heritiers simples absolus, ils aïent à les avertir du present Exploit de perquisition & ajournement, declarant que Maître ... est Procureur , & ocupera pour ledit Requerant sur le present, & afiché copie desdites Lettres &

Mandement contre la principale porte de la maiſon avec autant du preſent, preſence deſdits … voiſins, preſence auſſi de .. Recors demeurans, &c. mes aſſiſtans.

Et enſuite faut raporter celui ci-deſſus à l'iſſuë de la Meſſe Paroiſſiale, & le tout ſera afiché à la porte de l'Egliſe, preſence de quatre Paroiſſiens, ou du moins trois & deux Recors, & faire pareil Procez Verbal que celui du voiſinage. Voici le ſtile de Baſſe-Normandie.

A La requête de … porteur de Lettres … je me ſuis tranſporté à l'iſſuë des gens ſortans de la grande Meſſe Paroiſſiale de … duquel lieu étant hors le lieu ſaint & endroit acoûtumé à faire proclamations publiques; j'ai dit & declaré à tous qu'il apartiendra, que j'aſſignois par forme de ban les parens dudit défunt … juſqu'au ſeptiéme degré, qui pouroient ou voudroient ſe porter heritiers abſolus, en parlant à … douze … Paroiſſiens ſortans … à comparoir aux prochaines Aſſiſes de … qui ſe tiendront, &c. pour voir juger que faute par eux de ſe titrer heritiers abſolus dudit défunt … la ſucceſſion ſera ajugée audit Requerant par benefice d'inventaire, ofrant bailler autant deſdites Lettres & du preſent à qui prendre en voudroit, & vû que perſonne ne m'en a requis, j'ai de tout afiché copie par Placard à la grande & principale porte de l'Egliſe … declarant …

Il eſt bon de ſuivre la maxime du Païs où l'on exploite; le premier Exploit qui eſt du voiſinage eſt ſtile de Roüen, ſur lequel on peut faire l'Exploit à l'iſſuë de la Meſſe; & ſi c'eſt en Baſſe-Normandie, l'on peut faire celui du voiſinage à peu prés comme celui ci-deſſus.

Cela fait, on obtient un défaut qui ſe fait comme il enſuit.

ES Aſſiſes de … tenuës par Nous … les heritiers en general & en particulier juſqu'au ſeptiéme degré de … ont été bien & duëment apelez; & pour leur noncomparence ni aucuns pour eux fondez, mis en défaut vers … porteur de Lettres de benefice d'inventaire & de nôtre Mandement … pour être reçû à aprehender la ſucceſſion du-

dit défunt... en qualité d'heritier beneficier, & Mandement à lui acordé pour faire aßigner les défaillans. Fait comme deßus.

On fait encor une pareille assignation que la premiere, à laquelle on ajoûte seulement que lesdits heritiers sont assignez pour sauver & amender un défaut, ensuite dequoi on obtient un défaut pareil que le premier; & aprés une troisiéme assignation pareille aux premieres, on obtient une Sentence de coûtumace qui se fait comme il ensuit.

ES Aßises de... tenuës par Nous... les parens & lignagers jusqu'au septiéme degré, qui voudroient ou pouroient se porter heritiers absolus de... ont été apelez, & pour leur noncomparence ni aucuns pour eux fondez, mis en défaut envers... porteur... cidessus... Vû lequel défaut & ceux obtenus ausdites Aßises de ce lieu par ledit... sur lesd. heritiers, les... jours de... derniers, lesd. lignagers ont été declarez tous coûtumacez, privez & deboutez de toutes défenses & exceptions, pour le profit de laquelle coûtumace trouvée & jugée bien faite par l'avis de l'aßistance, a été dit que ledit... pour le decez... se seroit pourvû en tems de droit de Lettres de benefice d'inventaire à la Chancellerie à Roüen le... pour être reçû à aprehender la succeßion dudit défunt, sans être obligé au païement desd. dettes en outre la valeur de la succeßion dudit défunt, perquisition faite au domicile dudit défunt... & fait trois aßignations aux lignagers par trois Dimanches diferens, issuë de Messe Paroißiale de... où residoit ledit défunt, suivant les Exploits de... Huissier, en dates des... derniers contrôlez... il auroit pour lesd. défauts, & demandoit que ledit benefice lui fût ajugé avec dépens: Surquoi lecture faite de toutes les pieces susdites, Nous disons que ledit... fera faire une asignation d'abondant aux heritiers, pour ce fait lui être fait droit sur les conclusions aux prochaines Asises, dépens reservez & Mandement...

Aprés cette Sentence on fait encor une quatriéme assignation aux lignagers dans la même forme que la premiere; mais on ajoûte qu'on les assigne aux Assises pour voir dire & juger, que faute par eux de se titrer heritiers absolus du défunt, la succession lui sera ajugée comme heritier beneficiaire au préjudice de tous absens & non contredisans, la Sentence se fait comme il ensuit.

Formulaire de Sentence de benefice d'inventaire, & de l'enterinement des Lettres.

ES Assises de.... tenuës par Nous, &c. le.... s'est presenté... en personne & par... son Procureur, lequel Nous a remontré qu'aprés le decez de...' il se seroit pourvû de Lettres de benefice d'inventaire à la Chancellerie de Roüen le.... de.... pour être reçû à aprehender la succession, sans être prenable de ses dettes au-delà de la valeur d'icelle, & aïant fait perquisition au domicile dudit défunt, pour savoir s'il y avoit aucun de son lignage jusques au septiéme degré, qui voulût se titrer son heritier absolu, suivant l'Exploit de... Huissier du... de... dernier contrôlé le.... il auroit fait faire inventaire des meubles, lettres & écritures dudit défunt, fait estimer les meubles & bailler caution des prix de l'estimation, suivant autre Exploit dudit... Sergent du... contrôlé... ensuite dequoi aïant fait assigner lesdits lignagers par trois Dimanches consecutifs à l'issuë de la Messe Parroissiale de... suivant les Exploits dudit... Huissier contrôlez les... & pris deux défauts sur eux aux Assises de ce lieu les... ensuivans, il auroit obtenu une Sentence de coûtumace sur eux aux Assises de ce lieu, tenuës le... par laquelle il est ordonné, que lesdits lignagers seront d'abondant assignez auparavant qu'il soit fait droit sur l'enterinement desdites Lettres, en execution dequoi les aïant fait assigner par Exploit dudit...du Dimanche... de... contrôlé le ... il demandoit que lesdites Lettres fussent enterinées, & que le benefice lui fût ajugé conformément à icelles avec dépens, à prendre en privilege sur les prix de l'estimation des meubles, surquoi lecture faite de toutes les pieces susdites; Oüi le Procureur du Roi en sa conclusion, & eu avis de Me... Raporteur du Procez, & de... tous Conseillers Assesseurs & Oficiers en ce Siege : Nous disons par leur avis uniforme, que les diligences dudit benefice d'inventaire sont, & les avons declarées bien faites ; & jugeant le profit d'icelles, Nous avons enteriné lesdites Lettres, en quoi faisant Nous avons ajugé la succession dudit défunt... le tout au préjudice de tous autres lignagers absens, & non contredisans audit... avec dépens des diligences du benefice d'inventaire, à prendre en privilege sur ledit prix de l'estimation des meubles de ladite succession, à taxer suivant l'Ordonnance, les pieces remises au Gréfe, & taxé au Raporteur pour son Raport la somme de... païée & avancée par ledit... dont recompense lui est ajugée en pareil privilege sur l'estimation desdits meubles & Mandement, &c. Fait comme dessus.

Quand on tient l'état des prix de l'estimation des meubles, on colloque en premier lieu les frais funeraires, ce qui est dû aux Apoticaires, Medecins, Chirurgiens, les frais du benefice d'inventaire, & les autres dettes selon l'ordre de priorité & posteriorité.

TITRE IX.

DES FIEFS ET DROITS FEODAUX.

POur l'intelligence de ce Titre, il eſt neceſſaire de ſavoir l'étimologie de ce mot de Fief, l'origine des fiefs, la difinition des fiefs, la diference des terres, la diverſité des tenures, les choſes qui compoſent l'eſſence, la nature & l'accident du fief, & les moïens par leſquels les terres infeodées reviennent entre les mains du Seigneur.

Fief ſe dit de la foi ou de la fidelité reciproque qui doit être entre le Seigneur & le Vaſſal : au regard du Seigneur, c'eſt une fidelité de protection ; Et au regard du Vaſſal, c'eſt une fidelité de ſervice & d'obéïſſance ; c'eſt pourquoi le Seigneur ne doit pas faire de violence à ſon Vaſſal, ou autrement il perd ſa tenure. De même qu'à Rome les Seigneurs perdoient leur puiſſance ſur les Eſclaves, quand ils les traitoient avec trop de cruauté : Cette même obligation engage le Vaſſal à porter honneur & reſpect à ſon Seigneur, à lui procurer toute l'utilité qu'il peut, & à le ſervir contre ſes ennemis ; & c'eſt ce que les Feudiſtes diſent, quand ils aſſurent que le Vaſſal doit au Seigneur, *tutum honeſtum & utile*, & ſi le Vaſſal manque à ſon devoir, il perd ſa terre par ſa felonie, *feudum igitur dicitur à fide eo quod in fidelitate conſiſtat.*

L'origine des fiefs eſt venuë de ce qu'autrefois les Rois de France, voulans récompenſer les Gentilshommes qui les avoient ſervis à la guerre, leur donnoient la joüiſſance pendant leur vie des fiefs Nobles ; ce que l'on pratiquoit à Rome quand on donnoit *agros vectigales* aux ſoldats veterans pour joüir pendant leur vie. Mais quand Hugues Capet qui étoit Maire du Palais tira la Couronne de dessus la tête de nos Rois pour la mettre en sa Famille, il fut obligé de prendre le consentement de la Noblesse, qu'il ne pût obtenir qu'en rendant les fiefs perpetuels & hereditaires dans leurs familles de pension à vie qu'ils étoient auparavant. Il faut donc demeurer d'acord que l'origine de l'érection & établissement des fiefs vient directement du Roi, & que les fiefs ont été donnez aux Gentilshommes pour servir le Roi & l'Etat pendant la guerre.

Le fief se définit une investiture faite par le Seigneur, d'une terre au profit de son Vassal, pour en joüir par lui & les siens à perpetuité, en lui païant les droits qu'il a retenus, & en lui faisant les services qu'il a stipulez, & en lui gardant la fidelité qu'il lui doit, *feudum est jus prædio alieno in perpetuum utendi fruendi, quod pro beneficio dominus dat ea lege ut qui accepit sibi fidem & militare munus, aliudve servitium exhibeat*: C'est une investiture, parce que le Seigneur se dépoüille de sa terre pour en revêtir son Vassal, & cela s'apelle le contrat d'investiture d'entre le Seigneur & le Vassal, dont les pactions forment la loi, c'est à dire, qu'elles obligent le Vassal de païer au Seigneur ce qu'il a retenu en lui donnant sa terre, *pacta formant investituram*.

Le Vassal a droit de joüir perpetuellement des terres que le Seigneur lui donne, en satisfaisant aux charges ausquelles il est obligé.

Tout heritage est noble, roturier, ou en franc-aleu.

L'heritage ou le fief noble se reconnoît par deux marques: La premiere, quand à cause du fief le Vassal tombe en garde Roïale ou Seigneuriale: La seconde, quand à cause dudit fief il doit faire foi & hommage, ils ne tiennent pour cela noblement, parce qu'ils le déclarent dans leurs Aveux seulement; mais les Vassaux nobles le viennent déclarer en personnes, *hi ore profitentur, alteri tantum in scriptis*.

Il y a des fiefs de dignité, & d'autres de noblesse.

Les fiefs de dignité sont les Duchez, les Marquisats, les Comtez & les Baronnies, & cela s'apelle fief de dignité; parce qu'outre la Seigneurie du fief, ils ont encor pouvoir de gouverner une Province, ou d'être Capitaines des Frontieres, ou d'être Gouverneurs des Villes.

Le fief de noblesse est celui qui peut avoir des Vassaux nobles & roturiers: Si bien que le fief est composé d'une certaine étenduë de terre,

terre, dont le Seigneur a retenu une partie entre ses mains qui s'apelle Domaine non fiéfé, & pour l'autre il l'a donnée à ses Vassaux pour la tenir noblement ou roturierement; & le roturier est composé de Masures ou d'aînesses qu'on apelle autrement vavassories, fiefs ou tenemens.

Les Terres roturieres sont celles qui dépendent des fiefs.

Les Terres en franc-aleu sont celles qui ne dépendent de personnes que de Dieu, & qui ne doivent aucuns droits Seigneuriaux.

L'essence du fief consiste en la fidelité, la nature dans ses reliefs, treiziémes, aides, & l'accident dans les faisances & redevances.

Il y a quatre sortes de tenure, par hommage, par parage, par aumône, & par bourgage.

L'ordre de nôtre Titre est d'expliquer les tenures, l'essence, la nature & l'accident du fief, & les moïens par lesquels les biens infeodez reviennent entre les mains du Seigneur.

La tenure par hommage est la premiere que nous avons à expliquer, & qui est la plus considerable & la plus naturelle dans les fiefs qui nous rend comme sujets du Seigneur.

L'hommage se définit une reconnoissance & une déclaration, que le Vassal fait en personnes à son Seigneur dans le Manoir Seigneurial, en mettant ses mains dans celle de son Seigneur, en lui disant ces mots: *Je deviens vôtre homme à vous porter foi & hommage contre tous, sauf la feauté au Roi.*

L'hommage est de deux sortes, l'un s'apelle l'hommage-lige dû au Roi seul, *à ligando*, c'est à dire, que l'hommage lie sans aucune réservation, à cause de la Souveraineté; l'autre Seigneurial dû aux Seigneurs avec la réservation de la fidelité dûë au Roi.

Et comme c'est un respect personnel qui ne se doit rendre qu'au Seigneur, l'hommage se doit faire en personne & non par Procureur, à moins que le Vassal ne fût occupé au service du Roi ou du Public; auquel cas il faut le recevoir à faire foi & hommage par Procureur, ou lui donner une surséance pour y satisfaire quand son occupation sera finie.

La foi & hommage sont dûës par la mort ou mutation du Vassal, & non par celle du Seigneur.

L'hommage se doit faire dans la maison Seigneuriale du fief dont le Vassal releve; & si le Seigneur n'y est point pour recevoir l'hommage ou Procureur pour lui, en ce cas le Vassal aprés avoir frapé à la porte de ladite maison, & demandé son Seigneur pour lui faire ses foi & hommage, il doit atacher ses ofres à la porte en la presence d'un Tabellion, ou autres personnes publiques pour lui en bailler acte, & puis se presenter aux Pleds de Gage-plege de la Seigneurie pour y faire ses foi & hommage ; & où il n'y auroit de maison Seigneuriale, il fera ses ofres au Bailli, Senéchal ou Prevôt du Seigneur, s'il y en a sur les lieux, sinon il se poura adresser au Juge Roïal pour en avoir acte & obtenir la main-levée.

Si le Vassal est morosif de rendre son hommage, & que le Seigneur en soufre, il joüit du fief & fait les fruits siens ; parce que tant que le Seigneur dort, le Vassal veille.

Cependant le Seigneur quarante jours aprés le decez du dernier possesseur, peut user de prise de fief, c'est à dire, saisir le bien de son Vassal pour le reünir à sa Seigneurie, à faute d'homme, aveu non baillé, droits, & devoirs Seigneuriaux non faits ; mais toute prise de fief ne dure qu'un an, s'il n'y a Sentence d'adjudication ou de main-levée, ou contestation sur les diligences qui perpetuë la procedure.

La forme de la prise de fief ou de la reünion, est que le Seigneur par son Prevôt déclare à l'issuë de la Messe Paroissiale du lieu où sont assis les heritages, par trois Dimanches consecutifs, qu'il entend mettre en sa main les heritages qui dépendent de lui, à faute d'homme, droits & devoirs Seigneuriaux non faits ; & que s'il ne se presente aucun homme pour faire lesd. devoirs dans les 40 jours ensuivans la derniere criée, ils seront ajugez au Seigneur aux prochains Pleds ensuivans, & en ce faisant le Prevôt doit déclarer le jour, lieu & heure desdits Pleds par son Exploit qui sera certifié de témoins, c'est à dire, fait en presence de deux témoins qui signeront : & si les heritages sont nobles, il sufit de saisir le corps du fief ; mais s'ils sont roturiers, il faut les déclarer par pieces, & les bornes de bouts & côtez, & leur situation & continence. En vertu de cette adjudication ou de cette reünion, le Seigneur peut prendre les fruits qui sont sur la terre reünie pour en faire son profit ; mais si la terre est afermée, il doit païer les airures & semences au Fermier, si mieux n'aime se contenter du prix du fermage, ou de la moitié des fruits.

L'éfet de cette reünion n'est pas perpetuelle, car comme le Vassal ne peut prescrire la foi & l'hommage qu'il doit à son Seigneur, aussi le Seigneur ne peut prescrire l'heritage qu'il tient reüni en sa main par quelque tems que ce ſoit ; car toutefois & quantes que le Vaſſal voudra ſe remettre en ſon devoir, & rendre la foi & hommage, le Seigneur eſt obligé de lui rendre ſon heritage en lui païant les reliefs & treiziémes, & les arrerages des rentes qui lui étoient dûs avant la ſaiſie avec les frais de la reünion ; mais pour les arrerages qui ont couru, le Seigneur n'en peut pas prétendre, parce qu'il en eſt païé ſur les fruits : & telle délivrance eſt ſi favorable, que quand le Vaſſal a baillé un Aveu bon ou mauvais, il ſauve la levée, pourvû qu'elle ne ſoit pas engrangée par le Seigneur, ou même par le Fermier du Vaſſal quand le Seigneur a ſignifié audit Vaſſal qu'il s'arrête au prix de ſon Bail.

Si cet Aveu eſt mauvais, le Seigneur le peut blâmer, & c'eſt pourquoi le Vaſſal doit comparer aux prochains Pleds de la Sieurie ſans aſſignation, pour ſavoir ſi le Seigneur voudra blâmer ſon Aveu ; & ſi le Seigneur ne déclare pas le blâmer, il ne poura pas proceder contre le Vaſſal en blâme d'Aveu qu'en l'aſſignant ; & quoique le Seigneur n'ait que trente ans pour blâmer l'Aveu, cela le prive de l'amende qu'il peut demander à ſon Vaſſal, mais ne fait tort à ſes droits Seigneuriaux, comme ſes rentes & ſes corvées qui ne ſe peuvent preſcrire par quarante ans.

Quand une aîneſſe ou maſure eſt ſaiſie par la negligence de l'aîné de rendre ſon aveu, ſes puînez peuvent demander délivrance de leur part, & il eſt au choix du Seigneur de leur bailler leur part, ou de retenir la part de l'aîné, ou de la leur laiſſer en faiſant l'aîneſſe, auquel cas ils font paſſer le ſervice d'aîneſſe entr'eux par adjudication.

La foi & hommage oblige le Vaſſal à porter honneur à ſon Seigneur, à ſa femme & ſes enfans, & les freres puînez doivent auſſi porter honneur à leur aîné. Le Seigneur & le Vaſſal doivent auſſi ſe garder la foi l'un l'autre ſans ſe faire aucune violence, & c'eſt pourquoi quand le Seigneur a frapé ſon Vaſſal, il perd ſa tenure & ſes rentes, & la tenure eſt dévolute au Seigneur ſuperieur ou ſuſerain, ſans qu'on lui païe aucune rente qu'à proportion de ce qui lui eſt dû par le Seigneur du fief qui a perdu ſa tenure.

Et comme nous traitons des Aveux, il ſera bon de ſavoir ce que c'eſt qu'aveu, ſurquoi ſont fondez les blâmes d'Aveux, & de la ſolidité qu'ont les Seigneurs ſur leurs Vaſſaux pour leurs rentes Seigneuriales.

Le premier Contrat qui s'eſt fait entre le Seigneur & le Vaſſal, s'apelle un Contrat d'investiture ou d'infeodation : Il ne s'en trouve presque plus à present, parce que quand les Anglois voulurent usurper la Province, ils brûlerent tous les Titres des Gentilshommes, & comme il n'y avoit qu'une seule ressource de justifier les droits des Seigneurs, par les Aveux qui étoient rendus à la Chambre des Comtes à Paris qui étoit la seule du Roïaume pour lors, laquelle a été brûlée, tous les Titres n'ont pû être recouvrez, & il a falu sur les vieilles traditions rétablir les droits des Seigneurs, par le moïen des Aveux que l'on fait rendre par les Vassaux aux Seigneurs de tems en tems.

L'Aveu se définit une reconnoissance de la premiere obligation qui n'y ajoûte ni ne diminuë, *recognitio primæ obligationis quæ nihil addit nec detrahit primæ obligationi.* D'où vient que quand les Seigneurs qui exigent de leurs Vassaux des redevances qui ne sont pas legitimes, quelque tems qu'ils aïent possedé, les Vassaux peuvent reclamer contre leur tirannie, & se faire décharger de ce qu'ils ne doivent pas quand ils representent les anciens Aveux, où ils font mention de ce qu'ils doivent legitimement.

L'Aveu consiste en matiere & en forme : La matiere doit contenir le nombre des Terres que possede le Vassal, leurs continences, bornes & situations, leurs qualitez, si c'est Pré, Jardin, ou Terre labourable, l'exposition de la foi & hommage, l'obligation des reliefs, treiziémes, aides & sous-aides qui est dûë de plein droit & sans aucune stipulation, & des faisances & redevances dûës par le Vassal.

La forme est que le Vassal doit signer dans l'Aveu, & y faire signer tous les puînez dans chacun leur article, & encor à la fin dudit Aveu, & faire ensuite signer l'Aveu par le Senéchal & le Gréfier.

Si le Vassal manque en rendant son Aveu dans la matiere ou dans la forme, le Seigneur le peut blâmer, comme a été dit cidevant; il baille des blâmes, le Vassal lui baille des salvations : S'il s'agit des rentes connuës, c'est à dire non contestées que pour les arrerages, le Senéchal en connoît : Si les droits du Seigneur sont contestez, la connoissance en apartient au Bailli; & comme le Seigneur en infeodant la terre, l'a baillée à plusieurs aînez, qui en ont sousbaillé partie à des puînez, le Seigneur peut adresser solidairement execution sur tous les tenans de la Masure pour être païé de ses droits; & quand il possede sur l'aîné, il possede sur tous les puînez;

c'eſt à dire, quand l'aîné païe, les puînez ne peuvent pas uſer de preſcription.

PROCEDURE SUR LA REUNION.

Formulaire de Mandement du Senéchal pour reünir.

...... Licentié és Loix, Avocat... au premier des Prevôts, hommes & tenans de ladite Sieurie de la part de... Ecuïer, Sieur de ladite Sieurie, Nous a été exposé & donné à entendre que... à preſent défunt, étoit aîné de la Maſure de... dépendante de ladite Sieurie, & qu'il eſt décedé il y a... ou viron, ſans qu'aucunes perſonnes lui aient rendu Aveu des Terres de ladite Maſure, ni fait des devoirs Sieuriaux à lui dûs en conſequence d'icelle : A ces cauſes il requeroit nôtre Mandement pour être permis d'uſer de priſe de fief, & faire faire les diligences neceſſaires, afin de reünir les heritages de ladite Maſure au corps de ladite Sieurie : Ce qu'acordé, &c.

Formulaire du premier Exploit de la ſaiſie de fief.

...... Prevôt de la Sieurie de... certifie... à la requête de... je me ſuis tranſporté à l'iſſuë des gens ſortans de la grande Meſſe Paroiſſiale de... auquel lieu étant hors le lieu Saint & endroit acoûtumé, à faire proclamations publiques : J'ai dit & déclaré à tous qu'il apartiendra, que je ſaiſis en la main dudit Seigneur la Maſure ou l'aîneſſe de... ſituée & aſſiſe en ladite Paroiſſe, & dépendante de ladite Sieurie qui étoit à jours paſſez poſſédée par... décedé il y a un an ou viron, à faute d'homme, d'Aveu non rendu; droits & devoirs non faits, pour être lad.... & Terre contenuë en icelle reünie à lad. Sieurie quarante jours aprés la derniere criée aux Pleds de lad. Seigneurie, qui ſeront tenus le... jour de... pro-

chain, lesquels heritages consistent en Jardins, Maisons, Prez, & Terres labourables : Et premierement un Jardin contenant... qui jouxte sur lequel il y a... Maisons servantes à... ainsi du surplus. *Laquelle saisie & prise de fief j'ai faite en parlant à...* Ici on emploïe le nom de douze Paroissiens en personnes, *leur ofrant autant du present de ladite declaration ; Et vû que personne ne m'en a requis, j'ai du tout afiché copie par Placard à la grande & principale porte de ladite Eglise, afin que personne n'en prétende cause d'ignorance, presence de....* on met trois témoins, & de deux assistans qui signeront au Registre, au Placard, & dans l'Exploit délivré audit Sieur requerant.

Les deux Dimanches ensuivant, l'on fait encor deux Exploits ; on ajoûte au deuxiéme, *adherant à autre Exploit par moi fait Dimanche dernier ;* & dans le troisiéme on ajoûte, *en adherant aux deux autres Exploits par moi faits, les Dimanches... derniers, declarant qu'il sera procedé à la reünion desdites terres au corps de ladite Sieurie à de... prochain venant en six semaines... heures,* il faut conter *le... de... prochain aux Pleds de ladite Sieurie par moi termez presentement, à tenir ledit jour au Village de... dans la maison de... dépendans de ladite Sieurie sur les neuf à dix heures du matin.*

Ce fait aux Pleds termez, le Senéchal juge la reünion, & il fait la Sentence comme il ensuit.

Formulaire de Sentence de reünion.

ES Pleds de la Sieurie de... tenus par Nous... licentié aux Loix, Avocat... en la presence de nôtre Gréfier ordinaire d'icelle le... jour de... au Village de... en la maison... dépendante de ladite Sieurie, lesdits Pleds formez à ce jour, lieu & heure ; A savoir sur les neuf heures atendant dix heures de matin, suivant qu'il Nous a été atesté par.... Prevôt de ladite Sieurie, s'est presenté ... Ecuïer, Sieur de ladite Sieurie, lequel Nous a remontré que feu ... étoit aîné de la Masure de ... dépendante de ladite Sieurie, & qu'il y a un an & plus qu'il est mort, sans que personne se soit mis en devoir de lui rendre Aveu, ni faire ses droits & devoirs dûs par ladite Masure à ladite Sieurie ; ce qui l'auroit obligé de prendre autre Mandement le ... de ... dernier, en consequence duquel aïant fait ses diligences à l'issuë de la Messe Paroissiale de ... où lesd. heritages sont situez, par trois Dimanches consecutifs, suivant la coûtume, & suivant les Exploits dudit ... Prevôt, des Dimanches ... par le dernier desquels on auroit termé les presens Pleds à ce jour, lieu & heure, pour être procedé à lad. reünion, à quoi ledit Sieur demandoit que nous eussions à proceder: Surquoi aprés que ledit ... Prevôt, dûëment par Nous juré de dire verité, a recordé lesdits Exploits veritables, Nous avons declaré lesdites diligences bien & valablement faites ; & vû que personne ne s'est presenté pour rendre ledit Aveu, païer & faire les droits & devoirs Seigneuriaux, Nous avons declaré ladite Masure & terres contenuës en lad. declaration, reünie au corps de lad. Sieurie, & envoïé ledit Sieur ... en possession d'icelle, avec dépens à lui ajugez des diligences par lui faites sur la presente reünion, taxez à la somme de ... païez & avancez par ledit Sieur ... dont recompense lui est ajugée, suivant la Coûtume & Mandement ... Fait comme dessus.

La tenure par parage est une tenure dégenerante de la nature des fiefs, quand ils tombent en quenoüille, c'est à dire, qu'ils sont divisez entre les filles à faute de mâle.

Pour l'intelligence dequoi il faut observer que les fiefs de leur nature sont indivisibles ; & comme ils sont donnez aux Gentilshommes pour servir l'Etat & le Roi, il est de l'interest public qu'ils demeurent dans leur entier, afin que ceux qui les possedent soient toûjours en état de faire la dépense necessaire pour s'équiper & pour servir le Roi ; mais quand le Seigneur du fief ne laisse que des filles qui sont incapables de servir l'Etat & le Roi à l'Armée, le fief se peut divifer entr'elles, quand les defcendans même feroient mâles.

Cette tenure s'apelle par parage *à paritate*, c'eft à dire, l'égalité qui eft entr'elles, parce que le Droit donne un avantage égal à des filles que la nature a renduës d'une pareille condition, *jungat æqualis gratia, quas junxit natura*, c'eft à dire, qu'il faut que les filles que la nature a renduës d'une pareille condition, joüiffent des mêmes privileges dans la fucceffion de leur pere. Il y a toutefois des exceptions à cette Jurifprudence pour les Duchez, Marquifats & Comtez, qui à faute de mâles reviennent au Roi de plein droit, à moins que par leur érection le Roi n'ait confenti qu'à faute de mâles, la dignité du fief fe perdra pour être partagée entre les filles, ou qu'elle fe confervera même dans la perfonne des filles, auquel cas l'aînée conferve le fief de dignité en païant l'eftimation qui fe partage également entr'elle & fes fœurs.

Le principe de la tenure par parage, eft que les filles puînées dépendent toûjours de l'aînée, quand même l'aînée auroit la moins noble partie du fief; parce que le droit de primogeniture eft un privilege établi par la nature, par le confentement univerfel de toutes les Nations, qui ne peut recevoir d'ateinte par le Droit Civil, *jura fanguinis nullo jure civili dirimi poffunt.* C'eft pourquoi les puînez qui tiennent par parage fans hommage, païent aux aînez leur part des reliefs & des autres redevances dûës au chef-Seigneur, afin qu'ils foient enfuite païez audit chef-Seigneur par l'aîné, qui doit lui faire la foi & hommage.

L'aînée peut faire executer par fon Prevôt les puînées pour lefdits droits, mais auparavant elle doit les interpeller de païer.

Comme les loix imitent la nature, elles veulent que toutes chofes confervent toûjours un penchant pour retourner à leur principe, comme dans leur centre, *res de facili ad fuam naturam revertitur* : Et c'eft pourquoi la tenure par parage n'a pas une perpetuelle durée; car elle reprend par le tems ou par l'avanture fa premiere nature d'hommage quand le Seigneur eft hors le fixiéme degré. Les defcendans des filles puînées relevent par hommage des defcendans de la fille aînée, & font obligez de leur faire foi & hommage. Et quand ce fief eft vendu, donné, fiéfé, ou échangé à un autre qu'à un des paragers, le parage eft fini ; mais fi la vente eft clamée par un des paragers, ou que le vendeur rentre en poffeffion de fes heritages par relevement ou condition de rachat, il fera revivre le parage ; que s'il s'il l'aquiert de nouveau, il tiendra par hommage.

Il n'est point dû de treiziéme de la premiere vente que fait un parager.

Le droit de Colombier est une servitude onereuse à tout le peuple, parce que les Pigeons pillent les Blés, & y font d'étranges ravages.

Et c'est pourquoi il ne peut avoir sur un fief de Haubert qu'un seul Colombier, & dans la division du fief il doit demeurer dans le lot d'un des paragers, sans que les autres s'en puissent servir; à moins qu'ils ne l'eussent usurpé & possedé par quarante ans, ce qui se doit pareillement observer pour les Garennes, & cette action est publique, c'est à dire, que tout le monde peut empêcher l'usurpation d'un Colombier, d'une Fuïe & d'une Garenne; & dans la roture on ne peut usurper ce droit par quelque tems que ce soit.

Entre paragers l'aînée peut porter le nom du fief sans aucune distinction, mais les puînées se nomment Dames du fief en leur partie.

La tenure en bourgage ne doit que simple déclaration, dans laquelle les redevances sont exprimées; mais les heritages tenus en bourgeoisie ne sont point sujets aux reliefs, treiziéme, & autres droits Seigneuriaux de toutes manieres; ce qui est accordé aux habitans des Villes, pour les rendre plus frequentées & plus peuplées.

Il y a diference entre tenure en franc-aleu & tenure en bourgage. La tenure en franc-aleu ne reconnoît que Dieu en superiorité, mais la tenure en bourgage reconnoît un Seigneur en feudalité. Elle ne doit que quelques petites rentes, sans être sujette aux reliefs & treiziéme; & si le Seigneur a titre ou possession pour l'assujétir, elle ne s'en peut pas défendre.

La tenure par aumône est quand le Vassal donne ses heritages à l'Eglise: Si l'Eglise le possede par quarante ans, elle n'est tenuë que de bailler une simple déclaration au Seigneur pendant sa vie une fois; mais auparavant les quarante ans le Seigneur peut obliger l'Eglise de lui païer le droit d'indemnité, & de lui bailler en outre homme vivant, mourant & confisquant.

Pour entendre l'importance de ces obligations, il faut savoir que tous les gens d'Eglise sont de main-morte, qui ne quittent jamais un heritage, & qui ne le peuvent quitter; de sorte qu'un Seigneur perd ses reliefs & treiziéme. C'est pourquoi quand son Vassal donne son bien à l'Eglise, il faut indemniser le Seigneur, c'est à dire, le tirer de perte; & on lui paie pour cela le tiers de la valeur du bien noble, & la quatriéme partie en roture, ce qui se pratique dans la vente comme dans la donation; & en cas de vente le treiziéme est dû en outre l'indemnité.

Il faut remarquer que l'Eglise baille un homme vivant, mourant & confisquant, c'est à dire, une personne qui a des biens qui relevent d'autres Seigneurs, qui puisse vivant faire les droits Seigneuriaux, comme le service de Prevôté pour les rentes, venir au Gage-plege, & s'aquiter des autres devoirs envers le Seigneur: confisquant, c'est à dire, que s'il est condamné à mort pour crime, l'heritage donné à l'Eglise soit confisqué au profit du Seigneur: mourant, c'est à dire, quand il meurt sans hoirs ou heritiers au septiéme degré, l'heritage donné à l'Eglise à droit de desherance retourne au Seigneur: enfin cet homme represente la personne du Vassal qui a donné ou vendu son bien à l'Eglise; & c'est dans sa personne que le Seigneur exerce tous ses droits.

En outre il est dû au Roi le droit d'amortissement; car comme celui qui eût possedé l'heritage eût paié la Taille dont l'Eglise est exemte, il faut paier au Roi un prix où elle est taxée par le droit d'amortissement.

Celui qui a fait don à l'Eglise de son heritage ne peut y rien demander que ce qu'il y a retenu en faisant la donation, à la réserve de celui qui a donné le droit de Patronage, avec retention du fief auquel il étoit annexé, lequel retient toûjours les honneurs de l'Eglise; & pour les honneurs dûs aux autres Gentilshommes, ils les doivent au plus âgé, quoiqu'il fût Vassal du plus jeune. Dans le banc d'une Famille, ceux qui representent l'aîné ont toûjours la premiere place; & quoique les bancs ne se puissent fiéfer régulierement, parce que c'est un bien sacré qui ne tombe pas au commerce des hommes, l'usage toutefois a prévalu; & ceux qui ont des fiefs ne peuvent être dépossedez si l'on n'encherit par sur eux, & l'ancien possesseur est toûjours préferable quand il fait la condition à l'Eglise égale; *Veteres enim coloni novis sunt præferendi.*

Il nous reste à traiter de la nature & de l'accident des fiefs.

Les choses naturelles au fief sont celles qui l'accompagnent necessairement, comme les droits dûs au Seigneur sans aucune stipulation, desquels le Vassal ne peut se dispenser, s'il n'a un titre particulier pour s'en exemter; à savoir, les treiziémes, reliefs, aides & sous-aides.

Le relief est un droit dû au Seigneur par la mort du Vassal, & par la mutation de Vassal noble, & non par la mutation de Vassal roturier, afin d'être rétabli en la place du défunt; parce que par le droit commun des fiefs, le Vassal étant mort, le Seigneur a droit de joüir de son bien jusqu'à ce que l'heritier ait pris une nouvelle investiture, au lieu dequoi il en est quitte en païant quelque chose au Seigneur pour le droit de relief, *Ut sit restitutus in locum patris*.

Les Duchez doivent 1000 livres de relief.

Les Marquisats 500 livres.

Les Comtez 250 livres.

Les Baronnies 100 livres.

Le Fief de Haubert 15 livres.

Et comme il se peut diviser en huit parties, chaque partie en païe à proportion.

Les Dignitez ou Offices, c'est à dire, les exemtions de païer reliefs, treiziémes, ne doivent point de relief.

Les Terres roturieres doivent trois sols pour la premiere acre, & un sol pour les autres.

Les Terres non cultivées, comme les Brieres, ne doivent que six deniers par acre.

Les Moulins tenus à part & sans fief, doivent un écu de relief; mais quand ils sont atachez à un fief, ils sont relevez avec le fief, aussi-bien que les Garennes & les Colombiers.

Quand le chef-Seigneur a païé son relief au Roi, il a aide de relief sur son Vassal noble, qui le païe sur le pié d'un demi relief.

Et le Vassal noble a ses sous-aides sur ses Vassaux roturiers, qui le païent sur le pié d'un demi relief, c'est à dire un sol six deniers pour la premiere acre, & six deniers pour les autres.

Il y a ouverture pour demander le relief aussi-bien par la mort civile que par la mort naturelle du Vassal, & quand il fait profession de religion; mais il faut remarquer que les Vassaux ne donnent point de sous-aides par la vente du Vassal noble, ou par l'avenement de succession.

Outre les droits il y a trois aides en Normandie qui ne sont pas dans les autres Provinces, qui s'apellent les aides-chevels, ou à cause qu'ils sont casuels, ou qu'ils se païent par le Chef des fiefs; & ces trois aides ne se païent que par les Vassaux nobles, s'il n'y à titre ou possession au contraire.

Le prémier aide s'apelle aide de Chevalerie, quand le Seigneur ou son fils aîné sont faits Chevaliers de l'Ordre du Roi, qui sont les Chevaliers de S. Michel ou du S. Esprit.

Le second est l'aide de Mariage, quand la fille aînée du Seigneur se marie.

Le troisiéme est l'aide de Rançon, quand le Seigneur est fait prisonnier de guerre en rendant le service au Roi à cause de son fief.

Ces droits se païent sur le pié des reliefs, & les Seigneurs Eclésiastiques n'en peuvent demander.

Le treiziéme est encor de la nature des Fiefs, &, c'est une somme qui se païe au Seigneur à raison de vingt deniers pour livre, c'est à dire, cinq sols par écu du prix que la terre est venduë : C'est au vendeur naturellement à la païer, s'il n'est stipulé par le Contrat de vente, que le prix d'icelui lui vienne franchement entre les mains.

Pour entendre cet endroit, il faut remarquer que par l'ancien droit des fiefs, les Vassaux ne pouvoient vendre leur terre que par le consentement du Seigneur dont elle dépendoit ; mais comme les Seigneurs abusoient de ce privilege, & qu'ils ne donnoient jamais leur consentement qu'ils n'eussent la meilleure partie du prix de la vente, on leur a donné le droit de Treiziéme au lieu de ce consentement, & pour aquerir la liberté aux Vassaux de vendre leurs terres quand ils voudront. Le treiziéme se païe dans toute la Province, à raison de cinq sols par écu, comme il a été dit.

Dans la Comté de Mortain il se païe au huitiéme, & s'apelle Lots & Vente, *Laudimiæ* : à Paris il s'apelle droit de Quint & Requint, c'est à dire de cinq deniers un, & de dix deniers encor un.

Le Contrat de fiefe par rente raquitable, ou dans lequel il y a eu quelques deniers baillez ; doit treiziéme. Le Contrat d'échange où il y a retour de deniers, doit treiziéme pour la Terre baillée sans retour, parce que c'est elle qui est achetée. Quand le Seigneur aquiert, il ne lui est point dû de treiziéme ; mais s'il est dépossedé par une clameur lignagere, le treiziéme lui doit être païé. En aquerant les Terres dépendantes de lui, il doit faire le service de Prevôté en son rang : Mais s'il retire la Terre venduë dans son fief à droit feodal, les charges communes entre les tenans sont déduites à proportion de ladite Terre, à la réserve du service de Prevôté : Et quand le Seigneur a reçû le treiziéme de l'aquereur, ou son relief ou hommage, il l'a reconnu pour homme, & ne peut plus clamer, parce que ce sont des actes de ratification de son Contrat; mais s'il reçoit le treiziéme de son vendeur, il n'est pas pour cela privé de clamer.

Il y a bien des Contrats qui ne sont point sujets à treiziéme.

1°. Il n'est point dû de treiziéme pour retour ou licitation de partage entre coheritiers ou proprietaires en commun, ou de vente par eux faite à un de leurs associez ou coheritiers avant les partages, dautant qu'il n'y a point de mutation de Vassal, puisqu'un des heritiers represente la personne du défunt, & un des associez represente tous les autres.

2°. L'heritage baillé en païement de la dot d'une fille, ou bien en païement d'une somme qui lui a été promise pour cet éfet, quoique long-tems aprés le mariage, ne doit point de treiziéme, parce qu'il lui est baillé, *loco portionis hæreditariæ;* mais il en est dû pour vente d'heritage en païement du don mobil. D'un Contrat nul & contre les bonnes mœurs, il n'est dû treiziéme, non plus que de celui qui a été cassé par un relevement; mais s'il y avoit suplément de juste prix, le treiziéme du suplément seroit dû, comme du prix principal.

Si l'aquereur est dépossedé par un decret fait pour les dettes de son vendeur, & que l'aquereur ait païé le treiziéme, le Seigneur n'aura pas le treiziéme du decret, mais l'aquereur s'en fera récompenser en son lieu & place; & quand un decret est cassé, le Seigneur doit rendre le treiziéme.

Le treiziéme n'est dû d'un Contrat de rente fonciere fait aprés l'an & jour de la fiéfe, sinon en cas de fraude & convention de ce faire dans ledit tems; ce que le Seigneur peut prouver, tant par Témoins, que par Monitoires.

Treiziéme n'est dû d'échange, là où il n'y a retour de deniers, ni de fiéfe d'heritage par rente irraquitable, à moins que les Contrats ne soient faits en fraude de Seigneur. Une vente de haute-fûtaïe doit treiziéme; mais les bois vendus en fraïe n'en doivent point, non plus que la vente d'une maison à charge de la démolir; & comme ce droit est de la nature des fiefs, il est imprescriptible.

Les accidens du fief consistent dans les redevances & faisances, dans les droits de Moulin bannal ou ordinaire, dans les droits de Tor & de Ver.

Les redevances consistent en rentes dûës au Seigneur, qui se païent en argent, œufs ou oiseaux, pains ou éperons; & celles qui se païent en argent sont les plus faciles, parce que le prix en est toûjours fixe & certain.

La rente dûë en grains consiste en Froment ou Avoine, & elle se païe à l'ancien boisseau, qui contient onze pots & pintes, ou la rasiere ancienne, qui contient quinze pots, & quelquefois on en païe l'estimation qui hausse ou diminuë selon les saisons, comme nous avons dit au Titre de Jurisdiction.

Les faisances s'apellent des corvées, *quasi corporis opus*, comme un fardeau qu'on porte sur les épaules, & on n'en peut demander qu'une année : Elles consistent à fanner & faucher les foins du Seigneur, les charier & les mettre dans son fenil, à labourer la terre, casser & abatre des bois pour son chaufage, à aller querir les provisions aux Villes voisines, & au droit de quintaine, qui est courir la bague quand on se marie.

Le droit de Moulin apartient au Seigneur par le droit general des fiefs, mais il n'a pas pour cela droit d'obliger les Vassaux d'y venir moudre, s'il n'a droit de bannalité.

Le Moulin bannal est donc un Moulin public, qui oblige les Vassaux de venir moudre au Moulin du Seigneur les Blés croissans & reposans sur la Seigneurie, ou de lui païer la verte moûte des Blés qui y croissent & n'y reposent pas, à peine de la confiscation de leur farine ou d'une amende arbitraire; ce qui donne lieu aux Meûniers des Seigneurs d'aller chasser sur les terres voisines, c'est à dire dans les autres Moulins, arrêter les Blés que les Vassaux Banniers de leurs Moulins y peuvent porter.

Quand on dit les Blés reposans, c'est pour faire connoître que le Vassal doit moudre au Moulin de son Seigneur tous les Blés qu'il consomme dans sa maison, quoiqu'ils aïent crû ailleurs, & qu'il les ait achetez au Marché public; de sorte que si un Boulenger qui n'a pas quelquefois dix vergées de terre consomme trois ou quatre cens boisseaux de Blé par an, il est obligé de les porter au Moulin de son Seigneur, & non ailleurs; & quand le Vassal n'a point de maison sur le fief, il païe la verte moûte au Seigneur, qui est la seiziéme gerbe des Blés qui croissent sur le fief : Plusieurs neanmoins estiment que le droit de bannalité n'emporte point celui de verte moûte, & qu'il faut des titres particuliers pour l'établissement de l'un & de l'autre.

Il eſt dû au Seigneur la ſeiziéme partie de chaque boiſſeau que l'on mout à ſon Moulin, & c'eſt pour cela que le Meûnier peut avoir des pots & des meſures jaugées & marquées du Jaugeur, peſer le Blé quand il le prend & quand il le rend, & un ſeiziéme pour prendre ſon droit; mais comme la plûpart des Meûniers ſont larons, ils ont des ſeiziémes trop grands & un poids trop fort pour prendre le Blé, & trop foible pour le rendre.

Il y a pluſieurs Vaſſaux qui en outre le droit de bannalité, ſont obligez à fournir & charier les meubles, à curer les bieux, & à réparer le Moulin, & quand ils y manquent on paſſe cela par adjudication ſur eux.

Il ſe fait trois queſtions ſur les Moulins.

La premiere, pour ſavoir ſi les Vaſſaux ſont obligez d'aller au Moulin du Seigneur, quand il n'a point droit de bannalité.

La ſeconde, ſi la plus grande partie des Vaſſaux étant obligée à la bannalité par leurs Aveux, peut y obliger les autres, encor que par leurs Aveux ils n'y ſoient tenus formellement.

Et la troiſiéme, pour ſavoir ceux qui peuvent bâtir, & qui peuvent retenir les eaux.

Pour réſoudre la premiere queſtion, il ſemble que le Vaſſal ſoit obligé d'aller moudre au Moulin du Seigneur, quoiqu'il n'ait pas droit de bannalité; parce qu'il doit à ſon Seigneur, *honeſtum, tutum & utile :* Il eſt obligé d'aller moudre au Moulin du Seigneur, dont il eſt plûtôt obligé de procurer l'avantage que celui d'un étranger.

Cependant l'uſage contraire a prévalu; car le droit general des fiefs n'engage point le Vaſſal dans cette obligation, s'il n'y a titre ou poſſeſſion contraire, & c'eſt la juriſprudence des Arrêts.

La ſeconde queſtion ſemble d'abord ſe réſoudre par la negative, parce que nôtre condition ne peut devenir deſavantageuſe par le fait d'autrui, principalement quand il s'agit d'établir une ſervitude auſſi odieuſe que le droit de bannalité; cependant cette queſtion ſe réſout par l'afirmative. Car il eſt certain que la plus grande partie des Vaſſaux aïant reconnu par leurs Aveux le droit de bannalité, elle engage la moindre partie, c'eſt à dire le reſte des ſujets & Vaſſaux, quoiqu'ils n'y ſoient pas ſpecifiquement obligez, à moins que les autres Vaſſaux en euſſent une exemtion particuliere.

Au regard de la derniere queſtion, il eſt ſans doute que le Seigneur qui a les deux bords de la Riviere ſituée ſur ſon fief, y peut bâtir des Moulins ; & même il peut détourner la Riviere pour donner un saut à l'eau, capable de faire tourner son Moulin, pourvû qu'il la puisse remettre dans son ancien cours ; & que cela se fasse sans aporter dommage aux voisins : Et ceux qui ont de tout tems des Etangs & fossez qui s'emplissent du cours de la Riviere, peuvent en retenir l'eau depuis Soleil levant jusques à Soleil couchant, mais ils sont obligez de la laisser courir le reste du tems.

Le droit de Four à baon oblige les Vassaux de venir cuire leur pain aux Fours des Seigneurs, de lui païer de dix pains un en fournissant par lui le bois pour chaufer le Four.

Le droit de Tor est que les Vassaux sont obligez d'amener leurs Vaches ou Genisses au Taureau du Seigneur pour être couvertes, & lui païer un sol par chacune Vache ou Genisse.

Le droit de Ver est qu'ils sont obligez d'amener leurs Coches pour être emplies par les Verarts du Seigneur, & lui païer six deniers pour chaque Coche.

Il reste à savoir la diference qu'il y a entre les choses essentielles des fiefs, & celles qui leur sont naturelles, & celles qui ne leur viennent que par accident.

Les choses essentielles au fief, comme la foi & l'hommage, sont imprescriptibles, & ne peuvent être ôtées des fiefs par aucune paction, parce que c'est ce qui forme le fief, & que sans cela il ne peut y avoir de fief ; & c'est pour cela que la Coûtume dit que le Vassal peut disposer de son fief, jusques à la démission de foi & hommage.

Les choses naturelles aux fiefs, comme les treiziémes, aides, sous-aides, reliefs, sont imprescriptibles par le droit aussi-bien que les choses essentielles ; mais elles diferent en ce que le Seigneur & le Vassal peuvent ensemble faire des pactions, par lesquelles le Vassal en demeurera déchargé.

Quand on dit que le droit en est imprescriptible, c'est à dire, que quand le Seigneur n'en auroit jamais été païé, il peut les demander à la premiere ouverture qui s'en presente ; mais s'il laisse passer trente ans sans se faire païer de ce qui lui est dû en consequence de ce droit, il ne peut plus les demander.

Les choses accidentelles se prescrivent par quarante ans, mais il sufit au Seigneur de posseder sur l'aîné pour la conservation de ses droits, sauf la récompense des puînez sur l'aîné s'il a prescrit contre lui.

Il

Il reste à parler des moïens par lesquels les terres infeodées reviennent entre les mains du Seigneur, *Jure directi Dominii*; & des moïens par lesquels un Seigneur peut reünir plusieurs fiefs, ou les terres qui dépendent de lui.

Le premier moïen s'apelle reversion, quand la terre revient entre les mains du Seigneur aux cas limitez par la Coûtume; Et l'autre s'apelle reünion, qui se fait par Lettres du Prince, ou expressément par un Contrat, ou tacitement par la possession quadragenaire.

Le premier moïen de reversion, est quand il ne se trouve point d'homme dans les quarante jours pour faire la foi & hommage, le Seigneur peut saisir la terre du Vassal & la reünir; mais si le Vassal est mineur & en tutelle, en païant le relief au Seigneur, il doit lui donner soûfrance, & tems à son Tuteur qu'il ait atteint la majorité pour faire la foi & hommage, en baillant déclaration par le Tuteur, les noms, âges & biens de ses mineurs: Cette reversion n'est pas perpetuelle, comme nous avons dit ci-dessus.

Le second moïen de reversion est la felonie, quand le Vassal est convaincu d'avoir mis la main violente sur son Seigneur: Ce moïen est perpetuel.

La troisiéme est la condamnation à mort naturelle & civile, comme la condamnation des galeres, & le bannissement du Roïaume à perpetuité: Et c'est une maxime en France, que qui confisque le corps, confisque les biens; si bien que le Seigneur a les terres qui dépendent de lui, le Roi les meubles & les rentes hipoteques; mais les frais de l'instruction du Procez sont pris sur les meubles & sur les fruits de la premiere année qui apartient au Roi, si les Seigneurs n'ont titres ou possessions au contraire; & ceux qui se font mourir de mort violente, à moins que ce n'ait été par force de maladie, ou par foiblesse d'esprit. Et c'est pour éviter ces inconveniens que la Coûtume oblige les parens des insensez, & à leurs défauts les voisins, de les mettre en bonne & sûre garde, à peine de répondre des dommages qui en peuvent arriver.

Les biens confisquez reviennent aux Seigneurs, *non per modum successionis, sed per modum reversionis*: à la charge de païer toutefois toutes les dettes, discution préalablement faite des meubles; mais il peut abandonner lesdits biens quand il lui plaît, en païant les arrerages des rentes échûës pendant la joüissance, quand même elles excederoient le revenu. Il n'est tenu hipotecairement aux dettes mobiles.

Et si la confiscation est jugée pour un crime de leze-Majesté, elle apartient au Roi au préjudice des Seigneurs.

La quatriéme est le droit de desherance ou de ligne éteinte; car quand le Vassal meurt sans laisser d'heritiers qui lui soient parens dans le septiéme degré, le Seigneur succede à sa Terre à droit de ligne éteinte.

La cinquiéme est le droit de bâtardise, quand un bâtard qui a aquis du bien, meurt sans enfans, la Terre revient au Seigneur; parce que le bâtard, *nec gentem nec familiam habet*: Mais le Roi prétend ce droit au préjudice des Seigneurs, & on le lui ajuge à la Chambre du Tresor.

Le droit d'Aubeine est un droit Roïal, qui apartient au Roi au préjudice des Seigneurs, par lequel il a droit de prendre le bien des étrangers qui sont venus habiter dans son Roïaume, sans prendre de Lettres de Naturalité, ou qui n'ont point d'heritiers legitimes ou regnicoles, *Albini dicuntur quasi alibi nati, & albinatus definitur mera occupatio quæ fit per Regem deficientibus hæredibus in regno suo*: Les Lettres de Naturalité s'obtiennent en la grande Chancellerie, & l'enterinement devant le Bailli Roïal de l'Aubein.

La reünion se fait expressément ou tacitement; elle se fait expressément par Lettres du Prince ou par retrait feodal, quand un Gentilhomme a plusieurs Terres nobles dépendantes du Roi ou d'un même Seigneur, & qu'il veut faire un préciput considerable, pour conserver les biens de sa Famille en la personne de son fils aîné. Que si les Fiefs ou Terres nobles sont situez sous un même Bailliage, il peut prendre des Lettres à la grande Chancellerie pour faire reünir lesdits Fiefs, lesquelles s'adressent au Parlement ou à la Chambre des Comtes. La Cour envoïe commission au Bailli Roïal des lieux pour informer, apelé le Procureur du Roi de la commodité ou incommodité de la reünion, & du préjudice que les Vassaux en pouroient recevoir, & l'information faite & raportée à la Cour, on juge la reünion, & on l'enterine: Et au regard de la Chambre des Comtes, elle député un Maître des Comtes, qui descend sur les lieux pour faire une pareille information, aprés laquelle la Chambre verifie la reünion.

L'autre moïen de reünion, est par le droit feodal dont nous avons ci-devant parlé.

La reünion tacite se fait, quand le Seigneur a aquis des terres dépendantes de son Fief, & que son heritier, & non pas lui, en a joüi par quarante ans, comme d'un Domaine non fiéfé.

Il y a encor deux apartenances des Fiefs Nobles qui nous restent à expliquer.

La premiere est, que le Vassal doit pléger son Seigneur pour délivrer les Nams executez jusqu'à la concurrence d'une année des rentes Seigneuriales qu'il doit.

La seconde est, que le Tresor trouvé sur les Terres du Seigneur lui apartient : Mais s'il est trouvé dans le Cimetiere ou dans la Nef, il apartient à la Fabrique, c'est à dire au Tresor : Et s'il est trouvé dans le Chœur, il apartient à celui qui doit entretenir le Chœur ou le Chancel, c'est à dire, le *Sancta Sanctorum* : Et s'il est trouvé dans le Domaine du Roi, il apartient au Roi.

La troisiéme est, que le Seigneur peut empêcher qu'on ne fasse des Roteurs dans l'eau courante sur son Fief, parce que l'humeur qui sort des chanvres fait mourir le poisson, si les Roteurs ne sont faits si commodément, que l'eau n'en tombe pas dans le cours de la Riviere.

La quatriéme est, que l'usufruitier du Fief joüit des choses roturieres reünies au Fief à droit de reversion ; mais aprés sa mort la joüissance en apartient aux proprietaires, en remboursant ce qui auroit été païé pour l'aquit & décharge du comte : Et si l'usufruitier a retiré à droit feodal, il faut que le proprietaire rembourse le prix du Contrat retiré, ou du retrait feodal aux heritiers de l'usufruitier.

La Coûtume donne au Seigneur du Fief, des Oficiers pour l'exercice de sa Jurisdiction : Le premier est un Juge, qui s'apelle un Senéchal ; le second est un Gréfier, & le troisiéme un Prevôt. Il peut faire tenir son Gage-plege & ses Pleds, comme nous avons dit au Titre de Jurisdiction : Et s'il y a un usufruitier, les Pleds & Gage-pleges doivent être tenus sous son nom, & celui du proprietaire ; mais c'est à l'usufruitier à mettre le Senéchal, parce que le proprietaire peut envoïer un homme aux Pleds & Gage-pleges, pour y conserver ses droits & ses interêts.

Le Senéchal doit être licentié aux Loix, & reçû Avocat, ou immatriculé dans la Jurisdiction sous laquelle est le Fief, & doit être domicilié deux lieuës proche le Fief.

Le Gréfier doit être Tabellion, Sergent ou Procureur, ou avoir prêté le serment à Justice ; & tous les Actes doivent être signez du Senéchal & du Gréfier.

Le Prevôt doit avoir prêté le serment devant le Senéchal : Si c'est une Prevôté tournoïante ou fiéfée, il n'est tenu qu'à faire les diligences du Seigneur : Mais si c'est une Prevôté receveuse, il est obligé de faire les deniers bons ; & le Seigneur peut s'adresser solidairement sur tous les Vassaux, pour le païement de ses rentes Seigneuriales.

Quand un Prevôt ne fait pas sa charge, on fait passer par adjudication le service de Prevôté, ce qui se fait aussi quand les Vassaux ne veulent pas élire un Prevôt ; mais le prix de l'adjudication ne peut pas exceder les deux sols pour livre, de la somme à laquelle se montent les rentes Seigneuriales ; car il est dans la liberté du Vassal de païer les deux sols pour livre, pour être déchargé du service de Prevôté.

Le Gage-plege se doit termer quinze jours auparavant qu'il soit tenu, par le Prevôt, à l'issuë de la Messe Paroissiale du lieu, à jour de Dimanche.

Les défaillans au Gage-plege, païent cinq sols d'amende ; & pour les amendes des Pleds, il y a dix-huit sols un denier.

Le Gage-plege se tient pour déclarer les terres que l'on tient, reconnoître les rentes que l'on doit, déclarer les rentes & aquisitions que l'on a faites, & pour élire un Prevôt & un Parc.

Les aînez font rendre déclaration à leurs puînez des terres qu'ils tiennent ; à faute dequoi, ils peuvent prendre possession de leur terre.

TITRE X.

DES GARDES.

C'Eſt encor ici un droit des Fiefs Nobles, qui a quelque reſſemblance à la Tutelle qu'avoient les Patrons de Rome des enfans mineurs de leurs Afranchis : Et c'eſt en conſideration de ce droit, que la Coûtume en définiſſant le Fief dans l'art. C. dit, *Que l'heritage Noble, eſt celui à cauſe duquel le Vaſſal tombe en garde.*

La Garde ſe définit un droit qu'a le Seigneur de joüir d'un Fief que ſon Vaſſal tient noblement pendant ſa minorité, à charge de le nourir & entretenir, de païer les arrerages des rentes Seigneuriales, foncieres & hipoteques, & d'en uſer comme un bon pere de famille; en vertu duquel droit, il a l'arriere-garde des Fiefs tenans de ſon Vaſſal Noble, ſi pendant que dure la garde, les proprietaires d'iceux tombent en minorité.

Il y a deux ſortes de Gardes, à ſavoir la Garde Roïale & la Garde Seigneuriale. La Garde Roïale apartient au Roi, à cauſe des Fiefs qui tiennent de lui.

La Garde Seigneuriale aux Seigneurs, à cauſe des Fiefs qui dépendent d'eux.

Mais la Garde Roïale a bien d'autres privileges que la Garde Seigneuriale, parce que la Garde Roïale attire à ſoi la Garde de tous les autres Fiefs que poſſede le Vaſſal, quoiqu'ils ſoient tenus d'autres Seigneurs que du Roi, avec toutes les arrieres-gardes; parce que ſa dignité Roïale ſe feroit injure, en ſoûfrant un partage avec d'autres Seigneurs qui dépendent d'elle.

C'est un grand avantage que d'avoir un Fief qui dépende du Roi, parce qu'il donne toûjours la garde aux mineurs ; & quand il la donneroit à un étranger, il en doit comter au benefice des pupilles, & il n'est exemt que des interêts pupillaires, parce qu'il ne peut prétendre de vacations, mais seulement ses voïages & son sejour hors de sa maison : Mais si le don est à la Mere ou au Tuteur depuis son élection, ils sont obligez aux interêts pupillaires : Et si le don étoit fait au Tuteur avant son élection, il en seroit exemt, pourvû qu'il s'y reservât en prêtant le serment.

Quand le Roi donne la Garde Roïale, il se réserve toûjours tacitement la presentation de tous les Benefices qui en dépendent : Mais il faut savoir, que la Garde Roïale n'a point son exemtion sur les Fiefs situez en diverses Provinces, ni pour les fiefs venans de diverses successions ; c'est à dire, qu'elle n'attire pas un Fief dépendant d'un Seigneur situé dans une autre Province, ou qui vient d'une diferente succession ; quand par exemple le Fief qui dépend du Roi vient du côté du pere, & l'autre Fief du côté de la mere.

Quand le Roi a donné la Garde Roïale par Lettres expediées en la grande Chancellerie, il faut les faire verifier à la Chambre des Comtes, qui nonobstant le don, renvoïe devant le Bailli pour le passer par adjudication ; ce qui se fait à tres-vil prix, & le prix de l'adjudication se païe au Receveur du Domaine.

La Garde Roïale non plus que la Seigneuriale, ne commence que du jour qu'elle est demandée par le Seigneur ou par le Donataire : Et le Donataire n'en a point l'éfet, s'il n'obtient des Lettres & un Arrest d'enregistrement.

La Garde Roïale finit à 21 an : Mais il faut en outre, que celui qui a été en Garde Roïale, obtienne des Lettres de main-levée de sa Garde Roïale, & qu'il les fasse enregistrer à la Chambre des Comtes, autrement la Garde dure toûjours ; & tous les Benefices qui en dépendent, sont à la presentation du Roi s'ils viennent à vâquer.

La Garde Seigneuriale aquiert droit au Seigneur, de joüir du Fief pendant la minorité du Vassal Noble, ainsi que des arrieres-gardes, à la charge de contribuer aux charges de la succession, à proportion de la valeur du Fief : Il doit tenir en état les Maisons, les Prez, les Bois, les Jardins, les Etangs, les Moulins & les Pêcheries, sans pouvoir vendre ou couper les bois, ni ruiner les maisons ; & s'il fait le contraire, il perd non seulement la Garde, mais il eſt condamné aux interêts de ſon Vaſſal.

Le Seigneur n'eſt point obligé de nourir & entretenir les ſous-âgez, s'ils ont des biens d'ailleurs pour y ſatisfaire ; mais s'ils n'en ont pas, il les doit nourir & entretenir, & leur donner une éducation conforme à leur bien & à leur condition ; & s'il y a pluſieurs fiefs dépendans de diverſes Seigneuries à qui en vient la garde, ils doivent y contribuer à proportion deſdits fiefs ; & quand le Tuteur abandonne tous les biens du mineur au Seigneur gardien, il eſt obligé de nourir & entretenir les ſous-âgez : & s il en uſe mal on peut agir contre lui en Juſtice pour l'obliger d'en uſer mieux. Il doit contribuer au mariage des filles, c'eſt à dire, à l'intereſt de la legitime qui apartient à la fille, laquelle peut être mariée par ſes Tuteurs & Parens, en prenant la licence du Seigneur, ſi elle eſt en garde, & ſans la prendre, ſi elle n'y eſt pas. Si le Seigneur refuſe ſon conſentement, on le peut apeller en Juſtice pour en dire les cauſes ; & comme le conſentement ſe prend plûtôt, *ex honeſtate quam ex neceſſitate*, le Juge permet de ſe marier, & en ce faiſant la fille ſort de garde, & n'y retombe point, quoique ſon mari meure avant qu'elle ait atteint ſa majorité ; mais ſi elle étant majeure elle épouſe un mineur, ſon fief retourne en garde. Quand le Seigneur eſt abſent, & que la fille qui eſt en ſa garde ſe veut marier, il ſuffit de demander la licence au Sénéchal ou Bailli du Seigneur.

La garde Seigneuriale finit à vingt ans accomplis, & ſi celui à qui elle apartient en fait don, le donataire n'eſt point obligé au reliquat, ni d'en rendre comte, & parce que la garde finit à vingt ans : Il faut remarquer que par toute la France hors Normandie, un homme & une femme ne ſont point âgez qu'à vingt-cinq ans, en quoi on ſuit la diſpoſition du droit Romain ; mais toutes perſonnes en Normandie, ſoit mâles ou femelles, ſont cenſez majeurs à vingt ans accomplis, & peut aprés ledit âge vendre & hipotequer ſes biens meubles & immeubles ſans eſperance de reſtitution, ſinon pour les cauſes pour leſquelles les majeurs peuvent être reſtituez ; & celui qui a contracté auparavant ſon ân de majorité, peut en obtenir relevement dans l'an trente-cinquiéme de ſon âge.

Les Lettres de benefice d'âge ſont accordées aux jeunes gens qui ont une prudence achevée, qui ſont capables de ſe gouverner eux-mêmes, & qui ont comme un autre Daniel l'honneur de la vieilleſſe, *& dixerunt ſenes, veni in medio noſtrum, quoniam deus dedit tibi hono-*

rem senectutis. On disoit de César que sa vertu avoit devancé son âge, *Cæsar docuit à juvenilibus annis ab eximiâ virtute progressum annorum non esse spectandum.*

Cæsaribus virtus contigit ante dies.

Et sur ce motif le Roi favorisant ces belles années, leur acorde des Lettres de benefice d'âge, pour gouverner leurs biens & les administrer, sans pouvoir toutefois en aliener la proprieté.

Ces Lettres obtenuës, on assigne les parens en Bailliage pour les voir enteriner, & ce fait on envoïe par l'enterinement le mineur en la possession de ses biens. Elles s'obtiennent à l'âge de dix-huit ans & non pas auparavant, par les mâles seulement, & non par les femelles qui en sont incapables.

Le frere aîné tire ses freres hors de garde par la majorité, mais la fille aînée n'a pas ce privilege.

Pour finir la garde Seigneuriale on n'a pas besoin de Lettres comme dans la garde Roïale, il sufit de se faire déclarer âgé par le Juge, & le faire signifier au Seigneur.

Formulaire de benefice d'âge.

LOUIS, &c. A nôtre Bailli de... reçû avons l'humble suplication de... contenant, que depuis peu de tems sondit Pere est décedé, aïant laissé ledit Supliant son fils âgé de... capable de régir & gouverner son bien; il doute neanmoins le pouvoir faire, sans être pourvû de nos Lettres de benefice d'âge, & remede de Justice aux cas apartenans, pour éviter aux frais qu'il conviendroit faire, tant pour élire Tuteur qu'autrement; humblement requerant icelles, qu'acordées lui avons: Pourquoi Nous, ce consideré, vous mandons, qu'apelez le Substitut de nôtre Procureur General dudit Siege, ensemble les Parens & Amis du Supliant, tant du côté paternel que maternel, en nombre sufisant; s'il vous est aparu ou apert que ledit Supliant ait atteint ledit âge, & qu'il soit capable de régir & gouverner son bien & revenu, & des autres choses à sufire; Vous audit cas, déclarez ledit Supliant âgé, per-

personne pour régir & gouverner son bien & revenu, nonobstant qu'il n'ait atteint son âge de majorité, dont Nous l'avons dispensé & dispensons, permis & autorisé, permettons & autorisons par ces Presentes; parce qu'il ne poura disposer ni aliener de son propre, ni contracter mariage sans l'avis de sesdits parens les plus proches qui seront nommez pardevant vous, jusques à ce qu'il ait atteint son âge de majorité: Car tel est nôtre plaisir, Mandons outre, &c. Double queuë.

Formulaire de la Sentence de l'enterinement des Lettres de benefice d'âge.

DEvant Nous... se sont presentez douze parens paternels & maternels de... convenus & ajournez à la diligence dudit... pour être presens à l'enterinement de Lettres par lui obtenuës à la Chancellerie de Roüen le... dernier, tous lesquels parens par Nous jurez de dire verité, & envoïez à part pour en déliberer: Nous ont dit au retour de leur conference, & aprés avoir eu la communication desdites Lettres, qu'ils sont d'avis qu'elles soient enterinées, vû que l'énoncé d'icelles est veritable, & qu'ils ont connoissance certaine que ledit... est capable de joüir & de gouverner son bien; parce toutefois qu'il ne poura vendre ni aliener son bien que dans l'an de sa majorité: Surquoi, vû l'avis desdits parens, Nous disons suivant la conclusion du Procureur du Roi, que lesdites Lettres sont, & les avons déclarées enterinées, & ce faisant ledit... autorisé à joüir & faire valoir son bien, parce qu'il n'en poura aliener ni hipotequer la proprieté que dans l'an de sa majorité: Et Mandement, &c.

TITRE XI.

DE SUCCESSION ET ANCIEN PATRIMOINE, tant en ligne directe que collaterale.

TOus les gens naturellement ont un penchant pour faire du bien aux objets qui les touchent de plus prés ; & comme les peres n'en ont point de plus chers, ni de plus proches que leurs enfans, il est bien juste qu'ils leur transmettent leurs biens par succession, aprés leur mort, suivant cette maxime, *ad successionem parentum patrumque votum commune liberos admittit.* Et comme les successions sont des dettes que les peres doivent à leurs enfans, qui sont considerez comme creanciers de la nature, ils doivent y proceder avec une grande égalité, *jungat æqualis gratia quos junxit æqualis natura* : Et comme les successions font l'établissement & la conservation des Familles, il est certain qu'il n'y a pas de matiere plus importante dans la Coûtume, ni que l'on doive traiter avec plus d'exactitude.

La succession ou l'heredité, se définit en Normandie, comme dans le Droit Romain, *successio in jus universum quod defunctus habuit*, c'est à dire le droit de succeder à tout ce qui apartient au défunt ; nous suivons aussi la même division, c'est à dire, qu'il y a succession directe qui vient des ascendans aux descendans, & dans laquelle on ne reconnoît point de degré éloigné, c'est à dire, que le plus éloigné n'est point exclus par le plus proche.

Il y a succession collaterale qui vient de nos parens paternels & maternels, où il y a representation jusqu'au septiéme degré ; jusqu'auquel degré, le plus proche exclud le plus éloigné.

Pour l'ancien patrimoine il y a succession qui vient des enfans au pere par un ordre troublé de nature ; mais nous avons une Jurisprudence toute contraire à celle du Droit Romain, & avant que d'expliquer ce Titre, il faut savoir les principes & les maximes de toutes les successions.

La premiere maxime est, qu'il y a de trois sortes de biens en Normandie dans les successions.

La premiere, est le Propre.

La seconde, sont les Aquêts.

La troisiéme, sont les Meubles.

Dans la succession directe il n'y a point de diference de biens, hors le préciput des aîuez, & tous les biens s'y partagent suivant la Coûtume.

En succession collaterale le propre se partage comme si c'étoit en ligne directe, à la réserve qu'il ne passe point le septiéme degré ; mais pour les aquêts & les meubles, ils vont toûjours au plus proche du ventre, soit mâle ou femelle, à la réserve du premier degré où il y a representation, comme nous dirons plus amplement sur le Titre des Successions collaterales, aux meubles, aquêts & conquêts.

La seconde maxime est, qu'un homme n'a point d'heritiers que ceux que la Coûtume lui donne ; car elle ne suit point la passion aveugle des hommes, mais elle ne regarde que la conservation des Familles, voulant que les biens des défunts passent toûjours à leurs parens ; jusques-là même qu'il n'est pas en leur pouvoir de les frustrer de leurs successions par des pactions indirectes ; & s'il s'en faisoit, les heritiers les peuvent impugner, tant par Témoins que par Monitoires, parce que nos biens ne sont point à nous, mais à nôtre famille.

De sorte qu'en Normandie les successions se déferent par le benefice de la Loi, & non par la loi d'un chacun, & jamais les institutions d'heritier n'y ont été connuës.

La troisiéme maxime est, qu'un homme vivant n'a jamais d'heritiers, *viventis non est hæres*.

La quatriéme maxime est, que les successions se prennent, *ubi jacent*, avec le bien & le mal.

La cinquiéme est, qu'un homme ne peut avancer un de ses heritiers plus que l'autre ; & s'il fait des Contrats indirects, on les casse.

La sixiéme est, que pendant qu'il y a des descendans en ligne directe, les ascendans ne succedent jamais ; parce que les successions en Normandie ne remontent point, dautant que la Loi imite la nature, qui fait plus de bien aux objets qui en ont le plus de besoin, & qui par cette raison donne aux descendans les successions au préjudice des ascendans; parce que ceux-ci ont du bien, & que les autres n'en ont pas encor : Cette maxime ne se pratique pas aux successions collaterales.

La septiéme est, que les biens paternels retournent toûjours aux parens paternels, & les biens maternels aux maternels, par la raison que sans cela la Coûtume ne conserveroit pas le bien dans les Familles.

La derniere maxime est, que pendant qu'il y a des mâles ou descendans des mâles, les femelles ou descendans des femelles ne succedent point en Normandie en ligne directe pour toutes sortes de biens, & pour l'ancien patrimoine ou propre en ligne collaterale.

Cela présupose, il faut savoir l'ordre de nôtre Titre.

1°. On y voit en quelle maniere on peut aprehender une succession.

2°. On y voit l'ordre de succeder.

3°. On y remarque que les personnes qui sont excluses des successions, se reduisent à cinq sortes de gens; à savoir, les femelles quand il y a des mâles, les Religieux Profez, les bâtards, les enfans des condamnez à mort, & les ladres déclarez.

C'est une maxime constante dans toutes sortes de successions, que l'heritier est saisi de plein droit, & sans aucune autorité de Justice de la succession du défunt; de sorte qu'il peut prendre de lui-même tous les biens dont il est heritier, dont il a été saisi incontinent aprés le decez du défunt, ensorte que l'on ne présume pas que les biens du défunt, aïent été un seul moment sans être possedez : C'est ce que la Coûtume veut dire dans l'article 235. par ces termes, *Le mort saisit le vif sans aucun ministere de fait.*

Le plus prochain heritier, s'il est majeur, doit déclarer en Justice quarante jours aprés l'écheance de la succession, qu'il y renonce; autrement s'il a fait acte ou pris qualité d'heritier, il sera tenu & obligé de païer toutes les dettes, & il ne se peut jamais résilier de sad. qualité, dautant que, *qui semel hæres est, numquam desinit esse hæres*; & que c'est un Contrat entre lui & les creanciers du défunt, qui est autant necessaire dans son execution, que volontaire dans son commencement. Si le plus prochain heritier est mineur, son tuteur doit prendre ou renoncer à la succession par l'avis des parens; mais soit qu'elle soit acceptée ou répudiée, il est certain que le mineur devenu majeur peut reprendre une succession abandonnée, ou renoncer à une succession acceptée.

Cette obligation de renoncer dans les quarante jours, n'est pas d'une necessité absoluë dans la personne des heritiers : car il sufit de ne point toucher aux biens de la succession, *sufficit abstinere*; mais les creanciers les y peuvent obliger aprés les quarante jours, aïant interest d'avoir un heritier contre lequel ils puissent agir : Mais au regard de la femme, elle est necessairement obligée de renoncer à la succession de son mari dans ledit tems, autrement elle est censée heritiere de son mari.

Les successions arrivent non seulement par la mort, mais aussi par le fait de l'homme, c'est à dire, par le contrat de démission ou avancement de succession.

Venons à l'ordre de succeder, premierement à celui qui se pratique dans la ligne directe, quand elle vient des ascendans aux descendans, & qu'elle remonte des descendans aux ascendans.

Le fils aîné, son fils & sa fille aprés sa mort, sont saisis de toute la succession, soit en noble ou en roture, & recüeillent les fruits, jusqu'à ce que partage leur soit demandé par les autres freres, & ils ont les mêmes privileges & prérogatives que leur frere. Si le fils aîné est mort sans enfans, le second tient la place de l'aîné, & a les mêmes droits; mais quand les freres puînez sont mineurs, lors de la succession échüë, l'aîné ne gagne pas les fruits, parce qu'il est tuteur naturel & legitime de ses freres, & que c'est à lui-même à se demander leur partage, si bien qu'il est obligé de leur rendre comte de leur bien.

Quand un pere a des enfans qui meurent sans laisser des enfans, des freres, des sœurs ou des neveux sortis d'eux, il est sans doute que leur succession revient au pere, ou à la mere si le pere est mort; & c'est pourquoi vû que les peres excluent les oncles & les tantes en la succession de leurs enfans, mais tant qu'il y a des descendans, les ascendans ne succedent jamais; & c'est pourquoi l'article dit, que les oncles & tantes excluent l'aïeul & aïeule dans la succession de leurs neveux, mais cette régle n'a pas de lieu dans la succession collaterale; car les oncles & tantes excluent leurs enfans de la succession de leurs neveux & niéces, quoiqu'ils soient cousins desdits neveux; parce que la succession dont il s'agit, ne vient pas d'une personne qui descende d'eux, mais qui leur est simplement parent en ligne collaterale : Et c'est ainsi qu'il faut expliquer l'article 247. de la Coûtume, qui ne prive pas les coufins defdits neveux fortis des autres freres décedez avec leurs oncles furvivans.

Dans la fucceffion collaterale, on confidere fi le défunt a laiffé des freres ou des neveux, des freres & fœurs, ou des niéces du côté de pere ou de mere, auquel cas la fucceffion fe régle comme en ligne directe pour le propre feulement : Mais fi le défunt a des parens, les uns du côté du pere, les autres du côté de la mere, ils fuccedent aux paternels, & les maternels aux maternels, fans que les biens d'une fouche puiffent paffer dans l'autre; car s'il n'y avoit pas de parens d'une des tiges dans le feptiéme degré, pour lors le Seigneur fucce-deroit à droit de desherance, ou le Roi s'il n'y avoit que des rentes dans la fucceffion.

Et la marque pour connoître fi un bien eft paternel ou maternel, confifte en deux points, dont le premier eft, quand le défunt poffe-doit le bien à droit fucceffif; & le fecond, quand le bien lui eft venu d'une perfonne qui lui étoit parente du côté de fon pere ou de fa me-re en ligne directe ou collaterale, car c'eft ce qui fait le bien paternel ou maternel.

Il y a une autre maxime à confiderer dans les fucceffions, c'eft à favoir, qu'elles fe prennent par têtes ou par fouches; par têtes quand les heritiers font en pareil degré, & qu'ils ont part égale dans la fuc-ceffion; par fouches entre heritiers qui font d'un degré inégal, c'eft à dire, quand il y a un parent plus proche, qui régulierement exclu-roit le plus éloigné, fi par le benefice de la Loi il ne venoit à la fucceffion à la reprefentation de fon pere défunt, parce que tous les enfans de ce pere n'ont que la part qu'il eût eüe à la fucceffion dont il s'agit. Il y a trois régles pour la pratique de cette maxime.

La premiere, que dans toutes fucceffions on partage par tête dans le premier degré, parce que l'on eft également parent.

La feconde eft, qu'en fucceffion directe pour toutes fortes de biens, paffé le premier degré, on partage par fouches ; ce qui fe pratique en ligne collaterale pour le propre.

La troifiéme régle eft, que pour la fucceffion collaterale pour les meubles, aquêts & conquêts, on fuccede par fouches au premier degré feulement, aprés cela on fuccede par tête. Toutes ces trois régles s'entendent par ces trois exemples.

Pierre a quatre fils, Jacques, Jean, Gilles & Robert; Pierre vient à mourir, les quatre fils partagent également fa fucceffion par tête ; ce qui se pratique aussi dans les successions collaterales quand un frere meurt sans enfans, & laisse trois sœurs. Voici l'espece de la seconde régle.

Jean a quatre enfans, Gilles en a deux, Robert en a trois, Jean, Gilles & Robert viennent à mourir auparavant Pierre leur pere ; ensuite dequoi ledit Pierre décede, la succession est dévoluë à ses petits-fils par souches & non par tête ; c'est à dire, qu'ils y ont autant de part comme eussent eu leurs peres, s'ils eussent été vivans : Voici l'espece de la troisiéme régle.

Jacques a deux freres, Pierre & Jean. Pierre a vingt garçons, & vient à mourir ; Jacques vient aussi à mourir sans enfans, la succession aux meubles & aquêts iroit régulierement à Jean son frere, parce qu'il est le plus prés du ventre ; mais les enfans dudit Pierre reviennent à cette succession à la representation dudit Pierre leur pere, parce qu'ils sont au premier degré ; mais tous les enfans de Pierre n'ont que la part de leur pere, & succedent par souches ; que si Jean étoit aussi-bien mort comme Pierre, & qu'il ne laissât que deux enfans, pour lors la succession de Jacques aux meubles, aquêts & conquêts se partageroit par tête entre tous les neveux, fils de Pierre & de Jean ; ensorte que les enfans de Pierre y auroient vingt parts, pendant que les deux enfans de Jean n'y auroient que deux parts.

L'on a ouverture de prendre les successions en trois cas.

Le premier par la mort, le second par avancement de succession ou de démission, le troisiéme par Lettres de subrogation : Nous avons parlé du premier moïen ci-devant, mais nous avons omis à dire qu'il faut considerer au tems de l'écheance de la succession deux choses, dont la premiere est la capacité de l'heritier au tems de l'écheance de la succession, & la seconde est la parenté ; car comme les successions viennent par le canal du sang, il est sans doute qu'il faut necessairement être parent pour succeder.

Au regard de la capacité de l'heritier, il faut considerer deux choses, la premiere est, la capacité naturelle, & la seconde, la capacité civile.

La capacité naturelle, c'est qu'il faut que l'heritier soit né au tems de l'écheance de la succession, ou du moins dans le ventre de la mere : D'où vient que si un homme avoit un fils & une fille, que ce fils mourant sans enfans, & qu'il laissât des biens, sa sœur lui succederoit ; & si ensuite il survenoit un autre fils qui nâquit aprés la mort du premier, il n'ôteroit pas la succession du défunt à sa sœur, *quia illi jus quæsitum est*, parce qu'elle a été en possession de droit, & qu'il ne peut pas la priver d'un bien que la loi & la nature lui ont donné, & qu'elle a recueïlli comme un fruit meur dans un tems que son second frere n'étoit pas encor au monde.

La capacité civile est, que celui qui a droit de prétendre à la succession, ne soit pas privé des droits de la Cité, par une profession de Religion ou par une condamnation de galeres, ou de bannissement à perpetuité : Car il faut savoir que le droit de succeder est un privilege du Droit Civil, accordé aux parens & à la dignité du mariage, & que ceux qui sont privez du Droit Civil sont incapables de succeder.

Le second moïen de succeder est par le Contrat d'avancement de succession ou de démission, qui s'apelle une anticipation d'heredité, un avant-goût, un avant-part, *delibatio hereditatis quâ videtur vivus parens futuro heredi providere*. Ce qui n'étoit autrefois reçû qu'en faveur de mariage & ligne directe, mais il est presentement usité en toutes successions & donations.

L'avancement de succession est considerable dans sa matiere & dans sa forme.

Dans la matiere, quand on avance la proprieté & l'usufruit avec une retention de pension, ou quand on avance seulement la proprieté, en reconnoissant celui que l'on avance pour son présomptif heritier, & promettant lui garder sa succession; & quand cette reconnoissance est faite à l'un de enfans, elle a son éfet pour la part de tous les autres enfans.

Pour la formalité, il faut que l'avancement de succession soit constant, par écrit, & passé devant Tabellions; qu'il soit accepté par ses enfans ou par le tuteur, & insinué dans les quatre mois du jour qu'il est fait aux Assises des lieux où les biens avancez sont situez.

La fin de l'avancement de succession est, que celui qui a avancé ne peut plus aliener ni hipotequer le bien avancé, ni abatre les bois de haute-fûtaïe qui sont sur les heritages, si ce n'est en cas de maladie, de prison ou de necessité; mais il faut qu'il s'y fasse autoriser en Justice : Il peut aussi aquerir un doüaire à la seconde femme sur les biens avancez, *quia interest Reipublicæ matrimonia esse libera, & augeri civium numerum*.

Le dernier moïen est la subrogation, quand un debiteur qui voit une succession qui lui arrive, pour en frustrer ses creanciers, déclare y renoncer frauduleusement, afin de la faire aprehender à ses enfans; mais les creanciers prennent des Lettres de subrogation au nom de leurs debiteurs, & aprés qu'ils ont été païez sur les biens de la succession de leurs credites, selon l'ordre de leur priorité & posteriorité, s'il reste quelque bien, il va au plus proche heritier aprés celui qui y a renoncé; & même un aïeul ne peut pas avancer ses petits-fils du consentement même de son fils au préjudice des creanciers de son fils anterieurs dudit avancement.

Il nous reste à expliquer qui sont les personnes excluses de succession.

1°. Les filles ne succedent point quand il y a des mâles, ou des descendans des mâles, qui est une Jurisprudence politique établie par la Coûtume, pour empêcher que le bien ne sorte d'une famille pour entrer dans une autre; & parce que le nom de la famille se perd en la succession des filles : cependant il seroit injuste & cruel de laisser des filles sans aucun secours, & il est de l'interest public de les doter & de les marier, de peur qu'elles ne s'abandonnent, & qu'elles ne se prostituent, & afin qu'elles donnent des enfans à la République, *interest enim Reipublicæ mulieres salvas dotes habere, ne quæstum sui pudoris faciant, & interest Reipublicæ matrimonia esse libera, augerique civium numero.* Et c'est pourquoi la Coûtume leur a donné droit de prétendre leur legitime sur les biens de leurs pere & mere en essence, ou à estimation; & comme c'est une Jurisprudence épineuse & délicate, il faut la traiter exactement & avec ordre.

1°. Il faut considerer une fille mariée par son pere & par sa mere. 2°. Une fille mariée par le tuteur & ses parens. 3°. Une fille mariée par ses freres.

Quand elle est mariée par le pere & la mere, ils peuvent lui donner de la terre & de l'argent; & s'ils ne lui promettent rien, elle n'a rien, car le pere peut marier sa fille d'un bouquet de roses : & l'article dit, s'il n'a rien promis, elle n'aura rien. Il peut réserver sa fille à sa succession, aussi-bien qu'à celle de sa mere; & cette réservation lui donne lieu de succeder avec ses freres, contre la disposition de la Coûtume.

Un pere ne peut donner à ses filles que le tiers de son bien, & s'il leur en promet davantage, les enfans mâles les peuvent rapeller à partage dans l'an & jour du decez du pere, s'ils sont majeurs : Mais pour user de ce rapel, il faut qu'ils fassent inventaire des lettres &

meubles de la succession, & qu'ils y apellent leurs sœurs ou leurs maris s'ils vivent encor, autrement ils seroient non recevables à leur rapel ; car on présumeroit qu'aïans mis la main aux lettres & aux meubles de la succession, ils en auroient diverti les meilleurs éfets pour diminuer la legitime de leurs sœurs, qui ne sont point obligées de raporter le meuble ou l'argent qu'on leur a laissé : Mais si leur promesse de mariage est faite en argent, & qu'il en reste encor à païer quelque partie, elle est réductible, *ad legitimum modum ;* eu égard à ce qui lui apartiendroit legitimement ; eu égard au bien qu'avoit eu le pere quand il maria sa fille, ou aux biens qu'il laissa lors de son decez, si la donation est faite sur les biens venus & à venir.

Un pere n'est point garand de la collocation de la dot de sa fille quand il païe comtant ou par termes, c'est à dire, si le mari de la fille est insolvable, la fille n'a point de recours en garantie sur lui pour l'obliger une seconde fois à lui donner sa dot, parce que c'est un bon ofice qu'il lui a rendu qui ne lui doit pas faire de préjudice, *officium nemini debet esse damnosum ;* Mais quand il a constitué la promesse de sa fille en rente, qu'ensuite il l'a ramortie entre les mains d'un mari insolvable, il est garand de la collocation, parce que la promesse de mariage n'est plus considerée comme une donation, mais comme une dette, *abiit increditum ;* & comme le pere, *non debet dare dotem perdituro*, il est garand de sa collocation quand il païe à un mari insolvable.

Le pere & la mere sont obligez de païer l'interest de la promesse de mariage de leurs filles du jour des termes qu'elle échet, sans qu'on leur en fasse aucune demande ; ce qui se fait à cause qu'ils devroient à leur fille sa nourriture & entretien.

Le pere & la mere peuvent donner augmentation de dot à leur fille, si depuis son mariage ils sont parvenus en meilleure fortune.

Il n'est pas toûjours dans la liberté du pere & de la mere de ne rien donner à leurs filles ; car si aprés l'âge de vingt-cinq ans le pere ne vouloit pas consentir à les marier, il pouroit y être contraint par Justice : Et s'il a passé dans un second mariage, les filles du premier lit en se mariant, ne sont pas privées de leur legitime sur sa succession, quoiqu'il ne leur promette rien, pourvû qu'elles se soient mises en état de prendre son consentement avant que de sortir ; car on présume qu'une seconde femme empêche que son mari n'entende à l'établissement des enfans sortis de son premier lit.

Quand la fille est réservée à partage, elle partage également avec ſes freres les meubles & les heritages en bourgage ; mais elle ne peut avoir de maiſons s'il n'y en a plus que de freres.

Si la fille eſt mariée par le Tuteur, il doit lui mettre en dot les deux parts de ſa promeſſe de mariage, & aſſurer la collocation de la dot, autrement il en eſt garand.

Quand les freres ſont âgez, & que leurs ſœurs ſont pareillement âgées, ils les doivent garder un an en attendant qu'il ſe preſente parti convenable pour les épouſer. Si elles refuſent mal à propos un honnête parti, elles n'ont à l'avenir leur mariage qu'en eſtimation ; & ſi au contraire les freres ne s'apliquent pas à les pourvoir, elles ont leur legitime en fonds..

Pendant qu'elles ſont filles, elles n'ont juſques à l'âge de vingt-cinq ans qu'une ſimple penſion ; mais quand elles ont vingt-cinq ans, elles ont l'intereſt de leur legitime au denier vingt, qui ſe païe au denier dix-huit quand elles ſont mariées.

Le frere peut comme le pere marier ſa ſœur de terre ou de maiſons ; & quelque peu qu'il luy donne, elle s'y doit contenter, pourvû qu'elle ne ſoit pas déparagée, c'eſt à dire, mariée avec une perſonne de condition inégale.

Le frere a la liberté de bailler à ſa ſœur un mariage en eſſence ou en eſtimation. L'eſtimation ſe fait par trois parens, dont le frere en nomme un, les ſœurs l'autre, & le Juge le troiſiéme, ou à leur refus le Juge en nomme d'ofice ; mais quand l'eſtimation eſt faite, le frere peut païer le mariage arbitré en rente ou heritage de la ſucceſſion.

Le frere doit emploïer neceſſairement en dot les deux tiers de la promeſſe de mariage de ſa ſœur. Il eſt garand de la collocation, quand il païeroit la ſomme promiſe par ſon pere ; mais ſi le mari n'a point de caution à bailler, il peut forcer ſon beaufrere de lui continuer l'intereſt de la legitime de ſa femme, parce que dans cette impuiſſance de bailler caution, le frere feroit une conſignation qui mettroit en peril la dot de ſa ſœur.

Les freres ſont prenables ſolidairement de la legitime de leurs ſœurs, qui conſommeroient leur bien & leur tems dans la peine d'une diſcution fâcheuſe. Ils doivent l'intereſt de la promeſſe de mariage de leurs ſœurs, dont on peut leur demander vingt-neuf années, parce qu'ils joüiſſent du partage de leurs ſœurs qui leur produit des fruits : Mais ſi la ſœur ou ſon mari vendent la rente dotale à un étranger avant quarante ans, du jour de la celebration du mariage cet étranger n'en peut demander que cinq années, & cette rente est toûjours raquitable ; mais si les quarante ans sont passez, la rente devient fonciere & irraquitable, & on en peut demander vingt-neuf années.

Le frere doit donc stipuler les deux tiers de la promesse de mariage de sa sœur, & avant que de la païer prendre une bonne caution de son beaufrere. Quand il païe comtant ou par termes, il n'emploïe en dot que ce qu'il lui plaît, & rien s'il ne veut ; car il peut tout donner au mari, ou peut tout stipuler en dôt : mais les gens avisez mettent à couvert les interêts du mari en stipulant, qu'en cas que la femme meure avant le mari & sans enfans, il aura le tiers de la promesse pour don mobil : Si le frere stipule moins que les deux tiers de la dot, la sœur n'en est pour cela préjudiciée, & elle obligera le mari de lui en repeter deux tiers, parce que le frere est consideré par la Coûtume comme le curateur de sa sœur : d'où il ensuit qu'il ne peut pas donner au mari de sadite sœur que la tierce partie de sa legitime pour don mobil, parce que par la Coûtume nul ne peut donner que la tierce partie de ses biens ; de sorte que le mari aïant accepté une donation contre la Coûtume, il ne doit pas se plaindre s'il restituë la dot, c'est à dire, les deux tiers de la promesse de mariage de sa femme.

Il y en a qui croïent qu'il faut que la femme renonce à la succession de son mari pour user de ce privilege, & que les freres devenus heritiers de leurs sœurs ne s'en peuvent servir, en repetant la dot par eux promise à leur sœur. Je ne suis point du premier sentiment, car il est certain que la femme est toûjours recevable à cette repetition, puisque c'est à son égard une obligation nulle qui ne produit, ni ne peut produire aucun éfet ; mais à l'égard des freres il est bien juste que cela se pratique, puisqu'ils se sont fait la loi, & que *volenti & consentienti non fit injuria*.

Nous avons dit que le frere peut bailler mariage à sa sœur en essence ou en estimation, mais le fiscataire, c'est à dire, le Roi ou le Seigneur confiscataire, le creancier ni l'aquereur des biens du frere n'ont pas ce privilege ; car c'est un privilege personnel au frere qui ne sort point de sa personne, & qui est incommunicable à un étranger ; ainsi si le frere confisque, s'il est decreté, s'il vend son bien, la sœur a son partage en essence.

Pendant que les sœurs demeurent filles elles n'ont qu'un simple usufruit de leur bien, & comme elles sont dans une perpetuelle curateste pendant qu'elles sont filles, elles sont incapables de vendre ni hipotequer le capital de leur legitime; ce qui n'est pas vrai quand elles sont reçûës & réservées à partager en essence, car en ce cas elles peuvent vendre leur legitime sans être mariées.

Quoique les filles par la Coûtume aïent le tiers des biens de leurs pere & mere, cependant quand il y a plus de freres que de sœurs, les sœurs ont seulement en roture part égale avec les freres, & en noble elles ont autant qu'un des cadets, à quoi le frere aîné doit contribuer à proportion de son préciput, & les autres freres à proportion de leur partage.

Les sœurs réservées à la succession par les pere & mere, doivent raporter ce qui leur a été donné par leur Traité de Mariage, ou moins prendre; & quand on leur a trop donné, on les oblige de raporter, quand même elles se voudroient passer de la réservation, parce que ce seroit une ouverture aux pere & mere, de faire un avantage indirect à leurs enfans.

Quand le Tuteur a marié la sœur, & lui a trop promis, ou qu'il lui a baillé du fonds en mariage, le frere peut faire réduire la donation dans les dix ans de sa majorité, & selon l'avis de quelques-uns jusques à la trente-cinquiéme année de son âge, ou reprendre le fonds en lui baillant de l'argent.

La profession de Religion a des éfets également considerables: Le premier est, que par la profession de Religion, c'est au prochain parent de prendre la succession, comme si le Religieux étoit mort naturellement, & c'est en cela que l'on peut dire que le mort saisit le vif.

Le second éfet est, que le Religieux profez ne peut jamais succeder à ses parens, parce que ses parens ne peuvent jamais succeder aux biens qu'il peut aquerir, mais le Monastere; & c'est une régle generale dans les successions, que le droit de succeder est correlatif, *si vis mihi succedere, fac ut tibi succedam*. Et comme les gens d'Eglise sont avides des biens du monde, on a défendu aux Novices de faire aucune donation de leurs immeubles au profit des Monasteres où ils font profession, parce qu'on ne présume point qu'ils soient dans un état de liberté, mais on les considere comme des esclaves volontaires, assujétis à la régle d'un Superieur, qui tient leurs volontez captives & enchaînées.

Il y a deux sortes de profession, l'une expresse & l'autre tacite: L'expresse se fait à l'âge de seize ans aprés l'an de Noviciat, qui à mon sens est un tems trop peu avancé pour déterminer la résolution des jeunes gens à choisir une vie austere, & à renoncer à la liberté ; il faudroit du moins leur donner le tems de vingt ans, pour avoir la liberté de disposer de leur personne qui est plus considerable que leur bien. S'ils se plaignent d'avoir été forcez dans leur profession, ils peuvent reclamer contre l'émission de leurs vœux dans les cinq ans aprés leur profession ; & s'ils ont des causes raisonnables, il la faut casser ; mais il faut qu'elles soient tres-puissantes pour cet éfet, parce que les Juges ne sauroient donner d'atteinte à la profession d'un Religieux, qui est un contrat solennel fait entre Dieu & le Religieux profez.

La profession tacite est quand un homme demeure cinq ans dans un Monastere, & y porte l'habit.

Les Lépreux déclarez ne succedent point, parce qu'on ne veut point qu'ils hantent le reste des hommes, & qu'ils se marient à cause que le mal est si contagieux, qu'il infecte tous ceux qui s'en aprochent ; & dans l'ancienne Loi il étoit défendu à ceux qui en étoient attaquez, de hanter le reste du peuple.

Les bâtards sont personnes libres, & qui peuvent disposer de leur bien ; mais comme ce sont les monstres de la politique, le Droit Civil les a toûjours regardez d'un œil de rigueur ; & la Coûtume de Normandie les déclare non seulement incapables de la succession de leurs pere & mere, mais de toutes donations de leurs immeubles : En éfet comme les successions se déferent par le canal du sang, & pour conserver les biens dans les familles, il n'est pas juste que les bâtards y participent, parce qu'ils n'ont ni parens ni familles, *gentem nec familiam habent*. Si toutefois ils étoient legitimez par un mariage subsequent ou par Lettres du Prince, ils seroient capables de succeder.

Les enfans des condamnez ou des confisquez, succedent de leur chef aux successions de leurs parens, parce que le crime de leur pere ne détruit pas dans leurs personnes le droit de parenté : Mais si aprés la condamnation il échet une succession, où celui qui a été condamné & confisqué, auroit pû prétendre, cessant la condamnation, les enfans conçûs depuis l'écheance de la succession n'y peuvent rien prétendre, & la succession est aquise au plus proche parent habile à succeder.

TITRE XII.

DES SUCCESSIONS EN CAUX.

L'Ordre des Successions dans le Païs de Caux est régi par une Jurisprudence particuliere, parce que les aînez en noble & en roture, ont tous les biens de leurs pere & mere, & les puînez seulement une pension à vie; & l'on ne peut donner d'autre origine à ce droit, sinon que le Païs faisant frontiere de la Province du tems des Ducs de Normandie, l'on a voulu conserver la force des Familles dans la personne des aînez, afin qu'ils fussent toûjours en état de se défendre.

Le fils aîné est saisi de toute la succession de ses pere & mere, & même de toutes les successions collaterales, sans en faire part à ses puînez qui y ont seulement le tiers par usufruit; mais les pere & mere peuvent donner le tiers de leur bien en proprieté à leurs enfans, ou l'un d'eux, soit par testament ou par donation entre vifs. La mere même a cette liberté de son bien contre le gré de son mari, quoiqu'il ne soit pas stipulé par le Traité de Mariage. La donation doit être insinuée dans les six mois aprés la mort du donateur.

Le Donataire acceptant cette donation n'a point de pension: mais s'il y a des biens en Caux & hors Caux, les puînez peuvent prendre pension sur les biens de Caux, ou part sur les autres biens situez en l'un des six autres Bailliages, & en prenant l'un, ils perdent l'autre quand leurs pere & mere ont fait testament; mais quand ils n'ont point fait de testament, le tiers de toute la succession apartient aux puînez en proprieté.

L'aîné peut retirer dans l'an du decez de son pere ou de sa majorité, le tiers donné par le pere en païant l'estimation dudit tiers, en roture au denier vingt, & en noble au denier vingt-cinq.

Les filles sont mariées sur le meuble, & si le meuble n'est suffisant, sur toute la succession.

En succession collaterale l'aîné a les deux tiers du propre ancien, & les puînez l'autre tiers : mais pour le propre naissant, l'aîné a tout à l'exclusion des puînez. Et s'il n'y a qu'un fief, & qu'il n'y ait d'autres biens situez en d'autres lieux, les puînez ont le tiers à vie sur le fief, & auront part en outre sur les autres biens situez en d'autres lieux.

TITRE

TITRE XIII.

DES SUCCESSIONS COLLATERALES en Meubles, Aquêts & Conquêts.

ON traite dans ce Titre des droits & privileges des parens collateraux dans les successions de meubles, d'aquêts & de conquêts, & du droit qu'ont les femmes dans les conquêts faits en bourgeoisie par leurs maris pendant leur mariage.

Les meubles, les aquêts & les conquêts marchent toûjours d'un même pié dans la ligne collaterale.

Les aquêts sont les biens arrivez au défunt par son industrie ou par sa bonne fortune.

Les conquêts sont les biens aquis par le défunt avec sa femme pendant leur mariage.

Il y a cinq observations à faire dans ce Titre.

La premiere est la proximité du sang ou du ventre.

La seconde est le privilege du sexe.

La troisiéme est le privilege de tige.

La quatriéme, qu'il y a des freres & des sœurs de pere & de mere, les autres de pere ou de mere seulement, ceux de mere s'apellent uterins ou sœurs uterines.

Dans le premier degré de la ligne collaterale, les successions se partagent également, & l'aîné a le choix par préciput; & passé ce degré, les descendans de l'aîné n'ont pas de préciput, mais seulement le choix, parce qu'il est en leur option, s'il y a du noble de le retenir en païant à leurs coheritiers l'estimation d'icelui au denier vingt, autrement il demeure à celui qui fait la condition des autres meilleure.

Le frere de pere y succede également avec le frere de pere & de mere, & le même droit s'observe pour le frere uterin, & l'un & l'autre exclud les sœurs de pere & de mere, & les sœurs paternelles ou uterines succedent pareillement avec les sœurs de pere & de mere.

Régulierement cette succession se défere par la proximité du sang au plus proche parent; mais il faut remarquer que la Coûtume par un privilege special a voulu que les parens du premier degré étans décedez, fussent representez par leurs enfans qui sont au deuxiéme degré, pour avoir en cette succession la même part qu'eût eu leur pere décedé avec leurs oncles survivans; & dans cette succession les descendans des mâles n'excluent pas leurs tantes, mais leurs tantes succedent avec eux, & r'apellent en outre à la succession les enfans des autres tantes décedées; & ceux qui succedent par representation dudit défunt, succedent par souches, pendant que ceux qui sont au premier degré succedent par tête.

Passé le premier degré, les successions se déferent par le privilege du sexe, ou par privilege de tige.

Par le privilege du sexe, les descendans des mâles excluent les descendans des femelles en parité de degré; & par le privilege de la tige, les parens paternels préferent les maternels en parité de degré: C'est ainsi que le pere préfere la mere dans les successions de leurs enfans, que la mere préfere l'aïeul paternel, que cet aïeul préfere l'aïeule paternelle, que l'aïeule paternelle préfere l'aïeule maternelle, & que l'aïeul maternel préfere l'aïeule maternelle.

Les enfans des freres uterins ne succedent point à leur representation avec leurs oncles & tantes, mais ils succedent avec les enfans au premier degré; ce qui ne s'observe pas à l'égard des enfans des sœurs uterines, qui sont exclus de cette succession par les enfans de la sœur de pere.

Les sœurs uterines de pere sont tantes principales de leurs neveux, & en cette qualité elles excluent de cette succession les oncles & les tantes maternelles. Les arriere-neveux préferent les grands oncles & les grandes tantes dans la succession de leurs neveux ou niéces.

La femme a la moitié en proprieté des conquêts faits par le mari en bourgeoisie ; ailleurs elle y a le droit de doüaire. Les rentes hipoteques dûës par des personnes qui ont du bien en bourgeoisie sont réputées bien en bourgeoisie, à proportion des biens qu'y possedent les debiteurs des rentes ; & quelqu'acord ou convenant qui soit fait entre le mari & la femme par leur Contrat de Mariage, la femme ne peut avoir plus grande part aux aquisitions du mari, ni pour son doüaire, ce que la Coûtume lui donne.

Le mari peut vendre du vivant de sa femme l'heritage par lui aquis en bourgage ; mais si elle meurt avant qu'il en dispose, la proprieté desdits heritages apartient aux heritiers de la femme, & l'usufruit au mari pendant sa vie : Mais la Coûtume donne la liberté au mari ou à ses heritiers de retirer dans trois ans du jour du decez de ladite femme la part des conquêts qui lui apartenoient, en rendant la moitié du prix de l'aquisition & des augmentations faites sur lesdits conquêts, auquel cas le mari perd l'usufruit qu'il avoit sur cette moitié.

Et comme le crime du mari ne doit point préjudicier les droits de la femme, il est certain que quand il meurt confisqué, cela ne diminuë point les droits que la femme a sur les meubles & sur les aquisitions du mari faites en bourgeoisie.

Mais il faut remarquer que la femme n'a rien aux aquêts en bourgeoisie, que le propre du défunt ne soit remplacé ; & c'est une maxime qui s'observe entre divers heritiers, que lesdits heritiers aux aquêts doivent remplacer le propre alienè, & s'il n'y a point d'aquêts, le remplacement se fait sur lesdits meubles ; & que les heritiers aux aquêts & aux meubles sont obligez de remplacer le propre alienè à quelque somme qu'il se puisse monter, ce qui se fait par deux raisons. La premiere, pour conserver le bien dans les familles. Et la seconde, parce qu'il n'y a point d'aqueſt que le propre ne soit remplacé ; puisque l'aqueſt n'est que ce qui est acru au défunt par son bon ménage : Et quand le mari qui a alienè de son propre, a fait depuis des aquêts hors bourgeoisie & en bourgeoisie, le remploi des propres s'en fait au sol la livre sur toutes les aquisitions ; & s'il n'y a point d'aquisition, le remploi se fait sur les meubles.

Quand la dot de la femme est actuellement consignée par son Contrat de Mariage ou tacitement, la femme a part aux aquisitions en bourgeoisie, sans diminution de sa dot sur les autres biens de son mari : Mais s'il n'y a qu'une promesse de consigner, la dot se prend sur les meubles ; & s'ils ne sont sufisans sur les conquêts , & en ce cas la femme comme heritiere de son mari confond sur elle la tierce partie, suivant la régle de droit, *additione hæreditatis fit confusio debiti.*

La dot est consignée actuellement, quand il est stipulé par le Contrat de Mariage, en ces termes (de laquelle somme il en a été dés à present comme deslors, & deslors comme dés à present réellement & actuellement consigné la somme de ... pour tenir le nom, côté & ligne de ladite future épouse par ledit futur époux sur tous ses biens, &c.)

Par ce moïen le mari devient le dépositaire de la dot, & la femme aprés sa mort la reprenant comme un dépôt, ne doit pas pour cela soûfrir de diminution dans ses droits.

La dot est tacitement consignée, quand on a baillé au mari des rentes hipoteques en païement de la dot, & que depuis le mariage il en auroit reçû le raquit : ce qui équipole une actuelle consignation.

Mais quand il est stipulé par le Contrat de Mariage, cette clause (de laquelle somme il en sera constitué en dot les deux parts) pour lors la dot se prend sur les meubles ; & s'ils ne sont sufisans, sur les conquêts, comme il a été dit : ce qui diminuë beaucoup les droits de la femme.

TITRE XIV.

DE PARTAGE D'HERITAGE.

Ce n'étoit pas assez de dire comme les successions se déferent, si la Coûtume ne nous aprenoit comme elles se partagent.

Il y a en Normandie heritage partable, & non partable.

Les heritages roturiers, quoiqu'ils soient en bourgage ou en francaleu, se partagent également entre les freres. Le frere puîné fait les lots, & il doit les faire si également, que chaque lot se puisse faire valoir commodément; que les terres des partageans ne soient point mêlées pour éviter la contestation d'entr'eux, & il doit charger chaque lot des rentes Seigneuriales & foncieres où il est sujet, autrement on peut blâmer les lots & les faire réformer.

Le frere aîné a le choix & le vol du chapon, c'est à dire, la cour, maisons, clos & jardin de la campagne, en récompensant ses puînez à dûë estimation, sur la valeur de la terre & du loüage des maisons, & non sur ce que lesdites maisons ont pû coûter, pour laquelle récompense il peut bailler des terres de la succession.

A Vire cela n'est point en usage, car le frere aîné n'a que le choix.

Le frere aîné doit être saisi des lettres & écritures de la succession & des meubles, à charge d'en faire Inventaire, & d'en faire part à ses puînez. Et quand le dernier frere est en état de faire des lots, l'aîné lui doit mettre entre les mains les écritures en lui baillant un recipissé; & s'il y a un des puînez absens, son partage demeure en la garde de l'aîné, jusques à ce que le puîné le lui redemande.

Le puîné doit signifier des lots en formulaire, c'est à dire en papier, & les freres les peuvent blâmer ou aprouver. S'ils les blâment, ils signifient un écrit de blâme auquel le puîné aporte des salvations, ensuite dequoi les parties sont réglées; S'ils les aprouvent, le puîné est obligé de mettre chaque lot en parchemin separément, & par aprés on procede à la choisie devant les Tabellions; & il faut observer qu'auparavant la choisie des lots, chaque partageant en son ordre peut diminuer un lot, & charger l'autre.

Les freres (au regard des creanciers dudit défunt) sont solidairement obligez à païer les dettes de la succession, mais entr'eux ils sont obligez de contribuer à proportion de ce qu'ils prennent en la succession, ce qu'on apelle en droit, *pro portionibus hæreditariis;* ils sont obligez de contribuer sur le même pié au mariage de leurs sœurs. Et quand leurs sœurs sont réservées à partage, elles doivent raporter tout ce qui leur a été donné en meubles & heritages par celui qui les a réservées; & pour toutes les sœurs mariées par les pere & mere, elles ont part au profit des freres, en raportant ce qui leur a été donné, c'est à dire, que s'il y a deux filles, & qu'il y en ait une mariée par le pere ou la mere, les freres à son droit auront du tiers, & celle qui est à marier le surplus: Mais les filles mises en Religion par le pere ou la mere, qui de leur vivant ont fait profession, ne font point de part au profit des freres; parce que *ingressi in Monasterio pro non natis habentur, & quia partem non facit qui ad partem non admittitur;* ce droit est fondé sur le droit d'accression, qui par l'abandonnement d'un coheritier ou d'un associé augmente le droit de son compagnon, ou de celui avec lequel il pouvoit succeder.

En succession collaterale il n'y a point de raport, & quand les sœurs ont été mariées par le pere ou la mere, & qu'elles viennent à succeder à leur frere, elles ne raportent point si leur mariage est païé.

L'heritage non partable est le fief noble qui est indivisible, & qui se conserve toûjours en la personne des aînez, afin d'entretenir l'éclat des Familles.

S'il y a plusieurs fiefs, l'aîné en peut prendre un par préciput, ou choisir également avec ses puînez, auquel cas le second fils ne peut choisir de préciput; mais l'aîné choisissant un préciput, le second fils en peut choisir un par préciput, ou partager, & ainsi tous les freres de rang en rang.

Si le second frere est décedé avant les partages faits, & qu'il y ait plusieurs fiefs, le fils aîné en peut prendre un par préciput de son chef, & l'autre comme heritier de son frere. Si le frere aîné est mort, le second frere a le même privilege.

S'il y a deux fiefs, l'un du côté de pere, & l'autre du côté de la mere, le fils aîné a préciput sur tous les deux, pourvû que les deux successions n'arrivent pas en un même tems, ou auparavant qu'il ait fait option de prendre préciput sur l'un desdits fiefs, sans préjudice du préciput ou du partage qu'il attend sur l'autre succession : Il doit passer sa déclaration en Justice presence des puînez ; & quand l'aîné seroit mineur, son tuteur doit passer cette déclaration, autrement il n'a qu'un préciput, sauf son recours sur son tuteur.

S'il n'y a qu'un fief dans une succession, les freres puînez en ont le tiers par provision à vie, les charges & rentes déduites, & les sœurs ont le tiers en estimation sur ledit fief.

Et quand il y a plusieurs fiefs & rotures, chaque fille n'a pas plus d'avantage qu'un cadet, à quoi l'aîné contribuë à proportion de son préciput.

Quand l'aîné a pris préciput, il laisse le reste de la succession à ses cadets, & il ne peut jamais leur succeder, si ce n'est au Noble, aux meubles & aquêts.

Le fisc ou le creancier, avant que le frere aîné ait opté un préciput, ne peut pas à son droit en choisir un, parce que c'est un privilege personnel en la personne de l'aîné, qui ne s'étend point au fisc ni à ses creanciers, & ils ne peuvent separer qu'également avec les autres freres.

Les Fiefs Nobles se partagent entre filles, & elles peuvent separer en huit un fief de Haubert, sans qu'il perde sa qualité de Noble.

Les Fiefs de dignité ou masculins, comme les Duchez, Marquisats & Comtez, sont toûjours indivisibles ; & quand il n'y a que des filles, ils reviennent de plein droit au Roi, si par une grace speciale il ne les conserve en la personne des filles ; auquel cas l'aînée a tout le fief, en païant l'estimation à ses puînées.

Les biens se partagent suivant la coûtume des lieux où ils sont situez lors de la succession échûë, & non pas suivant la coûtume des lieux où étoient situez ceux ausquels ils sont subrogez.

TITRE XV.

DU DOUAIRE DE FEMME, & Veuvage des Maris.

DE tous les Titres de la Coûtume, celui-ci est le plus important ; car on n'y traite pas seulement du Doüaire des femmes & Veuvages des maris, que nous apelons droit de Viduité, mais l'on traite aussi de la Dot, de la part que les femmes ont sur les meubles du mari, du Don mobil, du remplacement des Propres alienez, & pactions que les mariez peuvent faire ensemble, & du tiers Coûtumier des enfans ; Et comme toutes ces choses composent les loix & l'établissement des Familles, leur connoissance est absolument necessaire.

Mais avant que d'examiner cette matiere, il faut savoir ce que c'est que Doüaire, ce que c'est que Dot, Don mobil, tiers Coûtumier, & remplacement de Propre ; il faut aussi savoir ce que c'est qu'heritier necessaire, & heritier legitimaire.

Le Doüaire se définit un usufruit aquis à la femme qui a couché avec son mari, sur la tierce partie des immeubles dont son mari étoit saisi lors des épousailles, qui lui sont depuis échûs en ligne directe, ou qu'il a aquis, pourvû que la femme ne soit heritiere du mari ; car si elle renonce à sa succession, elle n'aura point de doüaire sur ses aquêts, mais seulement sur les autres biens, & la Coûtume donne cet usufruit à la femme pour la récompense de la perte de sa virginité, ou de sa pudeur ; & c'est pourquoi la Coûtume de Paris dit, *La femme gagne son doüaire en mettant le pied dans le lit.*

Le droit de Viduité, est un droit aquis au mari qui a eu des enfans nez

nez vifs de la femme, par lequel il peut joüir de tous les biens que sa femme possedoit lors de son decez, dont il perd les deux tiers en passant à un deuxiéme mariage.

La dot est le bien que la femme ou ses parens retiennent, pour tenir le nom, côté & ligne de la femme, dont elle conserve toute la proprieté en ses mains, & dont elle baille au mari la joüissance pendant le mariage pour en soûtenir les charges. Cette dot est un bien sacré qui ne se peut jamais perdre ; c'est un bien qui est du droit public, auquel on ne peut déroger par des pactions particulieres, de peur que les femmes n'étans pas dotées, ne fussent éloignées du mariage, qui peuple les Etats de bons citoïens, ou qu'elles ne fussent réduites à une honteuse prostitution.

Le don mobil est une partie de la legitime de la femme qu'elle donne à son mari, soit en meubles si elle n'a que de l'argent, ou en fonds si elle n'a que de l'heritage : Cette donation est ordinairement du tiers, mais elle ne peut exceder, à moins que la fille ne fût mariée par son pere ou par sa mere, mais elle peut être moindre que le tiers. Une fille mineure est capable de faire cette donation, quand elle la fait par l'avis de ses parens, parce qu'elle use du droit commun ; & qu'étant capable de mariage, elle peut s'obliger aux pactions ordinaires.

L'heritier necessaire est la femme, parce que si elle ne renonce dans les six semaines à la succession de son mari, elle est réputée son heritiere.

L'heritier legitimaire est l'enfant, qui a le tiers Coûtumier en proprieté sur tous les biens dont le pere étoit saisi lors des épousailles.

Le mari & la femme étans mariez ne se peuvent donner aucune chose de leurs biens, ni aux parens de sa femme ; à la réserve que le mari peut donner à sa femme de ses meubles autant comme à un étranger, pourvû qu'il n'excede pas la moitié de la valeur de ses immeubles.

Avant le mariage, la femme peut donner ses immeubles à son mari autant comme à un étranger ; & telle donation n'est point sujette à insinuation.

Le remploi des propres a été par nous ci-devant expliqué ; & il faut remarquer comme une maxime inviolable, que jamais il n'y a d'aquêts, que le propre ne soit remplacé ; que ce remplacement se fait premierement sur les aquêts ; & quand il n'y a point d'aquêts, sur les meubles au préjudice des legs testamentaires.

Le doüaire se prend avant la dot, ce qui est avantageux à la femme, car son doüaire en seroit moindre; & quand elle a pris le tiers pour son doüaire sur la totalité du bien, elle reprend sa dot sur les deux autres tiers, pourvû qu'elle ait été actuellement consignée; & cependant l'hypoteque de la dot est anterieure de celle du doüaire, quand le Contrat de Mariage est reconnu avant la celebration des épousailles, dautant que la dot est constituée par le Contrat de Mariage; & que le doüaire ne s'aquert qu'au coucher.

Il faut observer, que quelque paction qu'un mari ou une femme fassent ensemble, elle ne vaut rien, si elle n'est aux termes de la Coûtume.

Nous traiterons 1°. du Doüaire, 2°. du Droit de viduité, 3°. du Don mobil, & de la part que la femme a aux meubles, & puis du tiers Coûtumier.

Au regard du Doüaire, il faut savoir combien il y en a de sortes, quand il est dû, sur quels biens il se prend, à quelles conditions, & comme il se perd.

Il y a deux sortes de Doüaires, l'un coûtumier, & l'autre préfix ou amodié.

Le coûtumier est celui qui se donne par la Coûtume, qui est réglé au tiers, & qui n'est dû que du jour qu'il est demandé, à moins que par le Traité de Mariage, il ne soit expressément porté, *Que le futur époux gage le doüaire coûtumier à la future épouse dés à present, sans qu'il soit besoin d'en faire aucune demande judiciaire*; auquel cas le doüaire est dû du jour du decez du mari, sans qu'il soit besoin d'en faire aucune demande, & l'on peut en demander vingt-neuf années.

Le Doüaire préfix, limité ou amodié, est quand le Doüaire se rencontre moindre que le tiers; auquel cas sans aucune stipulation, on en peut demander vingt-neuf années.

Le Doüaire ne peut être plus grand que le tiers, mais il peut être moindre: Toutefois si un étranger le cautionne, il est obligé de fournir l'excedant du tiers, sans en pouvoir prétendre de récompense sur les heritiers du mari; & si ç'a été le pere ou l'aïeul du mari qui a cautionné le doüaire, il est obligé de le fournir sa vie durante; mais quand il est mort, le doüaire est réduit au tiers du partage du mari.

Le Doüaire se prend generalement sur tous les biens dont le mari étoit saisi lors des épousailles, de quelque nature qu'ils soient, sur les biens échûs au mari depuis les épousailles en ligne directe, & sur les aquisitions du mari aux conditions susdites ; c'est à dire, que la femme ne renonce pas à la succession de son mari, car elle n'a rien sur les aquêts ni sur les meubles si elle renonce.

La femme n'a point de doüaire sur les successions collaterales échûës au mari, ni sur les biens qui lui sont donnez depuis son mariage.

Quand une femme épouse un fils de famille, elle n'a point de doüaire sur son partage, si le pere n'a été present au Contrat de Mariage, ce qui s'observe aussi à l'égard de la mere, aprés le decez du pere. Mais quand le pere a signé au Contrat de Mariage, la femme a doüaire sur le partage de son mari, sans qu'elle soit obligée de contribuer aux dettes contractées par son beaupere depuis son intervention audit Contrat de Mariage, suivant l'Arrest du Conseil d'Etat du 30. Aoust 1687. qui sert de Réglement à l'avenir pour cette Province, dont l'Extrait est ci-dessous.

EXTRAIT DES REGISTRES DU CONSEIL D'ETAT.

VEU au Conseil d'Etat du Roi, Sa Majesté y étant, l'Arrest de partage du Parlement de Roüen, rendu les Chambres assemblées le 6. Février 1676. pour déliberer sur la question concernant le Doüaire de la veuve ou femme du fils, & le tiers Coûtumier des enfans du fils ; par lequel ladite Cour s'étant trouvée partagée en deux avis, l'un à dire que la veuve ou femme d'un fils qui a survécu son pere, & qui s'est porté son heritier, doit avoir seulement son doüaire, qui est aussi le tiers des enfans, reduit au tiers de la part hereditaire de leur pere, considerée en l'état qu'elle est quand la succession de l'aïeul échet suivant la nouvelle Jurisprudence : Et l'autre à dire, que la veuve du fils qui a survécu son pere, & qui s'est porté heritier d'icelui, peut avoir doüaire sur la succession de son beaupere décedé avant son mari, suivant l'ancienne Jurisprudence. Il a été arrêté par ladite Cour, que Sa Majesté seroit tres-humblement supliée de donner Réglement sur cette question. Et si les voix des pere & fils, deux freres, beaupere & gendre, oncle & neveu, étant du même avis en afaires generales & publiques, seront réduites à une. Requête presentée au Conseil par Estienne Vattier de Roüen, à ce qu'il plût à Sa Majesté régler ladite question, conformément au premier avis qui est le plus équitable, sans s'arrêter à ce qui pouroit être dit au contraire ; ladite Requête signée de Fallentin Avocat audit Conſeil. Autre Requête preſentée audit Conſeil par Guillaume Scot Ecuïer, Conſeiller-Secretaire du Roi, Maiſon, Couronne de France & de ſes Finances, tendante auſſi à ce que pour les moïens y contenus, il plût à Sa Majeſté preſcrire au Procureur General dudit Parlement de Roüen, de lui envoïer les motifs deſdits deux avis, & cependant ſurſeoir au Jugement d'un Procez particulier y mentionné, que ledit Scot avoit au Parlement de Paris, ladite Requête ſignée dudit de Fallentin audit nom. Autre Requête preſentée au Conſeil par Dame Marie du Bourget, autoriſée à la pourſuite de ſes droits par Pierre des Eſſars Sieur de Mont-Fiquet ſon mari, & Loüis du Sauſſai Ecuïer. Sieur de Mont-Sauvan, tant pour lui que pour ſon frere, à ce que pour les cauſes & moïens y contenus, il plût à Sa Majeſté, attendu qu'il y avoit eu vingt-huit voix pour l'ancienne Juriſprudence, & quatorze ſeulement pour la nouvelle opinion, en les réduiſant ſuivant l'Ordonnance; il plût à Sa Majeſté ordonner que l'Arreſt ſeroit délivré conforme à la pluralité des voix, confirmatif de l'ancienne Juriſprudence, & que ſuivant l'ancienne Coûtume de Normandie concernant le Doüaire des femmes & le tiers des enfans, & conformément aux Arrêts qui s'en ſont enſuivis, les femmes continuëront d'avoir pour doüaire en uſufruit, & les enfans en proprieté le tiers des biens du pere & de l'aïeul, & autres aſcendans de maris, lorſqu'ils auront aſſiſté ou conſenti, ou l'auroient pourchaſſé, encore bien que le mari ſe fût porté heritier de ſon pere ou de ſon aïeul; & ce eu égard à l'état des biens lors du mariage, & leur hipoteque du jour dudit mariage, à l'excluſion des Creanciers poſterieurs au Contrat de Mariage; enjoindre au Procureur General dudit Parlement de tenir la main à l'obſervation de ladite Coûtume & de l'Arreſt qui interviendra. Autre Requête preſentée audit Conſeil par Dame Claude d'Eſcaïeul veuve de Monſieur Nicolas de Sirreme Sieur de Coulombiere, faiſant tant pour elle que pour Eliſabeth, Suſanne, & Gillonne d'Eſcaïeul ſes ſœurs, à ce qu'il plût à Sa Majeſté ordonner que la Supliante rentreroit en la poſſeſſion d'un Pré dont étoit queſtion, duquel elle joüiroit juſqu'à ce qu'elle eût été actuellement païée de 12000 livres reſtans de ſa dot & interêts, & pour terminer la queſtion de la legitime que ſes ſœurs & elle prétendent leur devoir être païée en eſſence, renvoïer les Parties en tel autre Parlement que celui de Roüen; ladite Requête ſignée de Rouſſin Avocat au Conſeil de Sa Majeſté. Autre

Requête presentée audit Conseil par Charles d'Escaïeul Ecuïer, Sieur de Grand-Pré, tant pour lui que pour Henri d'Escaïeul son frere & ses sœurs au nombre de six, à ce qu'il plût à Sa Majesté en prononçant sur la Requête de la Dame de Montfiquet, conformément à l'ancienne Jurisprudence, à la Coûtume de Normandie, & aux Arrêts dudit Parlement de Roüen des vingt-trois Décembre 1655. & 4. Mai 1661. maintenir & garder le Supliant au tiers des biens possedez par Henri d'Escaïeul son aïeul, & par Dame Jeanne Dubois son aïeule, au jour du Contrat de Mariage de René d'Escaïeul son pere; pour sûreté duquel tiers, la Terre de la Ramée demeureroit specialement afectée & hipotequée, pour en faire la liquidation, renvoïer les Parties au Parlement de Paris, ou en tel autre Parlement qu'il plairoit à Sa Majesté, à l'exception de celui de Normandie; ladite Requête signée aussi dudit Roussin audit nom. Plusieurs Memoires & Ecrits, contenans les motifs des avis du Partiteur & Compartiteur. Les listes des Juges qui ont opiné aux Assemblées des 5. & 6. Février 1676. envoïées au Conseil, à la requête & diligence du Procureur General audit Parlement, avec les pieces pour soûtenir l'avis de donner le tiers à doüaïre sur les biens de l'aïeul, en l'état qu'il les a laissez à son fils: Savoir, cahier contenant Extrait des dispositions de l'ancienne Coûtume de Normandie. Copie collationnée d'Arrest dudit Parlement de Roüen, du 13. Février 1650. entre Nicolas Girard & Jeanne Dijon, femme separée d'Adrien le Roi. Copie collationnée d'Arrest du Grand Conseil, donné entre Jean Fortut Ecuïer, sieur de Coesnoi, & François de saint Oüen, Pierre des Essars, sieur de Montfiquet és noms, le 30. Septembre 1666. Copie collationnée d'autre Arrest du Parlement de Roüen, entre Anne Marie, veuve de Jessé de Cauvigni, & Pierre le Breton, du 30. Mars 1668. Copie collationnée d'autre Arrest dudit Parlement, entre Roland le Mansel, Henri le Cavelande, & autres du 22. Mars 1668. Copie collationnée d'autre Arrest dudit Parlement, entre Henri Sebastien de Mortchesne, & Me Georges le Carpentier, du 21. Avril 1668. Consultation de plusieurs Avocats dudit Parlement du 30. Janvier 1669. Copie collationnée d'une Sentence renduë au Bailliage de Roüen, entre Marie de Romé, femme separée d'avec Charles Ducaron, & Me Jacques Scot Conseiller audit Parlement du 14. Décembre 1669. Copie collationnée d'autre Arrest dudit Parlement, entre Nicolas de la Motte, & Alexis, Jacques, François,

Marie & Marguerite Blot, du 20. Novembre 1670. Autre copie collationnée d'Arrest, entre Guillaume Osmont sieur d'Aubri, & Antoine Dubois, du 15. de Décembre 1670. Copie collationnée de Consultation des sieurs Castel & de Lespinay Avocats à Roüen, du 29. Mai 1671. Copie collationnée d'autre Arrest dudit Parlement, entre Jean le Blays sieur du Quesnai, & Pierre le Sueur sieur de Collevile, du 17. de Décembre audit an 1671. Copie collationnée de Sentence arbitrale, renduë le 4. Juillet 1672. par les sieurs Drieux, Maurry & le Danois, Arbitres nommez & convenus par les sieurs Michel le Cauchois, Gallien de Boutancourt, & Adrien Boubert. Copie d'Arrest de la Cour des Aydes de Normandie, rendu entre Guillaume Bucaille, René Guillemin & autres, le 7. Décembre 1672. Copie d'autre Arrest dudit Parlement de Roüen du 19. Décembre 1673. rendu entre Nicolas du Bourget sieur de Chaulieu, la veuve Jean du Bourget de saint Sauveur, Jean-Charles & Estienne du Bourget, és noms. Copie d'autre Arrest dudit Parlement, rendu entre Damoiselle Elisabeth le Vigneur, veuve de Jean-Baptiste Moisson, & Damoiselle Marguerite le Masurier, le 22. Novembre 1674. Copie de Sentence de la Vicomté de Roüen, renduë entre Loüis le Sonneur & Catherine Dufour, du 7. Mai 1675. Copie d'autre Arrest dudit Parlement, donné entre Charles-Jacques le Roux & le nommé de la Haye, le 5. de Décembre 1675. Copie de Sentence du Bailli de Roüen, du 19. dudit mois de Décembre, entre ladite Catherine Dufour & ledit le Sonneur. Copie collationnée d'une Consultation d'anciens Avocats dudit Parlement de Roüen, sur la question du Doüaire, du 13. Aoust audit an 1675. Requête presentée audit Conseil, par le sieur Procureur General de Sa Majesté audit Parlement de Roüen, à fin d'intervention, à ce qu'il lui fût donné Acte de ce qu'il se raportoit à Sa Majesté d'ordonner sur cette question des Doüaires, ce qu'elle trouveroit plus convenable au bien & au repos de ses sujets de ladite Province, selon sa Justice ordinaire, afin que l'Arrest qui interviendroit serve de loi pour l'avenir, & soit publié à sa diligence dans toutes les Jurisdictions en dépendantes; ladite Requête signée Martel Avocat au Conseil. L'Ordonnance du sieur Pussort Conseiller d'Etat sur ladite Requête, portant soit reçû partie intervenante, & Acte d'emploi au surplus en jugeant, du 11. Mai 1678. signifiée le 18. dudit mois. Requête & Ordonnance de Committitur du sieur Feideau Duplessis Maître des Requêtes, pour le Raport desdites Requêtes du 28. Octobre 1684. signifiées le 9. Novembre ensuivant. Requête de Continuatur dudit sieur Feideau, du 4. de Décembre audit an, signifiée le 9. dudit mois. Arrest du Conseil à son Raport de sommairement oüi sur les fins desdites Requêtes. Réglement donné en consequence. Requête desdits du Bourget & du Saussai d'emploi pour écriture & production, signifiée le 30. Mars 1686. Pieces jointes à ladite Requête ; savoir, Arrest du Parlement de Roüen du 27. Mai 1547. rendu entre Jeanne Moreau, veuve Jean Baoult, & Pierre Louvel, tant en son nom que comme Tuteur des enfans mineurs dudit Jean Baoult. Autre Arrest dudit Parlement du 16. Aoust 1600. entre Jacques Fontaine, Marion Bregis sa femme de lui separée, & les Creanciers dudit Fontaine. Autre Arrest dudit Parlement du 18. Février 1612. entre Catherine Sadre femme separée de biens de Nicolas Quesnel son mari, & Maître Claude Euldes sieur de Berengeville. Autre Arrest dudit Parlement du 15. Avril 1674. entre Pierre le Breton & Maître Alexandre des Obeaux. Autre Arrest dudit Parlement du 19. Juillet 1624. entre Gilles Potier sieur de la Pommeraye, Christophe Michel sieur de Préfontaine, comme aïant épousé Damoiselle Jacqueline & Françoise Escoulant, & Marie Escoulant veuve de Guillaume du Châtel, d'une part, & les sieurs du Haumanoir & du Palay, d'autre. Autre Arrest dudit Parlement du 12. Mai 1626. entre Maître Pierre Bervolle & Jacques Cavelier. Autre Arrest dudit Parlement du 20. Aoust 1639. entre Damoiselle Geneviéve le Goüestier femme de Gabriel Osmont, & Damoiselle Catherine de Lieude veuve de Pierre Lambert Tuteur de ses enfans. Autre Arrest dudit Parlement du 19. Février 1642. entre Pierre de Caux Tuteur de ses enfans, Loüis de la Balte creancier de Guillaume de Caux, & André de Caux, és noms. Autre Arrest du Parlement du premier Décembre 1643. entre Dame Antoinette d'Herbin veuve de Henri de Conflans, & Maître Eustache de Conflans & autres. Autre Arrest dudit Parlement du 22. Mars 1652. entre Madeleine le Cauchois veuve de Guillebert Lambert, & Jean le Prevost. Sentence du Bailliage de Coûtances, entre Maître Thomas Morant Maître des Requêtes, & Jean le Grand poursuivant le decret de la Terre du Mesnil-Garnier du 24. Octobre 1653. Autre Sentence dudit Bailliage de Coûtances, entre Me Claude Nicolas Morant Seigneur de Courseville, au nom & comme Tuteur des enfans mineurs de Me Thomas Morant, Baron du Mesnil-Garnier du 10. Février 1658. Arrest dudit Parlement de Roüen confirmatif de ladite Sentence. Autre Arrest dudit Parlement du 20. Septembre 1661. entre Marguerite le Mercier femme separée d'avec Charles Lucas son mari, & Jean Lucas fils. Autre Arrest dudit Parlement du 11. Janvier 1662. entre ladite le Mercier & Robert Lucas, & consors. Arrest du Grand Conseil du 23. Juin audit an 1662. entre Dame Marguerite Collot femme de Pierre Cavelier, & Me Nicolas de Bauquemare Conseiller au Parlement de Paris, & autres Creanciers dudit Cavelier. Autre Arrest dudit Parlement de Roüen du 23. Aoust 1666. entre Jacques de la Ruë & Guillaume le Pelletier. Autre Arrest dudit Parlement de Roüen, donné sur la Requête du Sr Morant Maître des Requêtes, le premier Décembre 1667. Arrest du Grand Conseil du 30. Septembre 1669. entre Maître Charles Thomas Morant Seigneur de Rapieres, & les Srs Morant Maîtres des Requêtes, & de Courseville. Arrest du Parlement de Dijon du 15. Mars 1670. entre Henri-Sebastien de Mortchesne & Georges le Carpentier, & autres. Autre Arrest dudit Parlement de Roüen, donné sur la Requête de Dame Elisabeth Brasdefer & Charles le Ber, le 5. Aoust 1679. Arrest du Parlement de Paris du 23. Aoust 1680. rendu entre Jeanne de Lastre, femme separée de Vincent Cheron, Guillaume Morin, & autres. Réponses de la Dame du Bourget & consors, l'écrit contenant les raisons du Compartiteur, signifiées aux Avocats des Parties, le 24. Avril 1686. Sommation de satisfaire par les Parties au Réglement signifié le 27. Novembre audit an 1686. Requête presentée au Conseil par Françoise Barret, veuve de François Lescoupet Ecuïer, sieur du Bout; à ce qu'il plût à Sa Majesté lui donner acte de ce qu'elle consent que l'Arrest qui interviendra sur la question du Doüaire, fût déclaré commun avec la Supliante; de ce que pour moïens & satisfaire au Réglement, elle emploïoit le contenu en sadite Requête, signée le Noir Avocat au Conseil, & signifiée le 24. Décembre 1686. Autre Requête presentée au Conseil par Jacques Michel Ecuyer, sieur de Bellouze, Gouverneur de la ville de Coûtances, tendante à ce que pour les causes y contenuës, il plût à Sa Majesté lui donner Acte de ce qu'il se joint pour défendre à la prétention des Srs du Saussai; & de ce que pour satisfaire de sa part au Réglement, il emploïe le contenu en sadite Requête, signée Ricard Avocat audit Conseil, signifiée le 17. dudit mois de Decembre 1686. Contredit de la Dame de Montfiquet contre les pieces raportées, pour

pour soûtenir l'avis contraire à celui de l'ancienne Jurisprudence, signifié le 3. Mars 1687. Requête presentée au Conseil le même jour par Antoine de Cuverville Ecuïer, Seigneur de Ste Colombe, à fin d'intervention, tendante à ce qu'Acte lui fût accordé de ce qu'il adheroit aux conclusions de ladite Dame de Montfiquet, & de l'emploi par lui fait de ce qu'elle avoit écrit & produit sur la question de doüaire, & en consequence ordonné que l'Arrest qui interviendroit fût déclaré commun avec lui ; ladite Requête signée Faroüart Avocat audit Conseil, & signifiée aux Avocats des Parties. Autre Requête presentée au Conseil par ladite Dame du Bourget & Consors, à fin de production nouvelle des pieces y mentionnées, tendante aussi à ce qu'il plût à Sa Majesté leur donner Acte de ce qu'en réduisant les conclusions par eux prises en l'Instance & pour les causes y contenuës, il plût à Sa Majesté ordonner que l'Arrest seroit rédigé & délivré suivant la pluralité des voix confirmatives de l'ancienne Jurisprudence ; ce faisant, pour ne plus laisser de prétexte à procez, qu'il fût ordonné que l'ancienne Coûtume de Normandie concernant le Doüaire des femmes & le tiers des enfans, & les Arrêts qui s'en sont ensuivis, sans s'arrêter aux Arrêts contraires, seront actuellement executez, gardez & observez ; & conformément à iceux, les femmes continuëront d'avoir pour doüaire en usufruit, & les enfans en proprieté le tiers des biens des peres, aïeuls & autres ascendans ; encore bien qu'ils se fussent portez heritiers de leur pere & de leur aïeul, & ce eu égard à l'état des biens lors du mariage, & leur hipoteque du jour du Contrat de Mariage, à l'exclusion des creanciers posterieurs. Enjoindre au Procureur General de Sa Majesté audit Parlement, de tenir la main à l'execution de ladite Coûtume & de l'Arrest qui interviendra ; ladite Requête signée dudit Patu Avocat au Conseil, sur laquelle est l'Ordonnance portant les pieces reçûës, & au surplus en jugeant, signifiée ledit jour 3. Mars 1687. les pieces de ladite production nouvelle, & tout ce qui a été remis pardevers le sieur Faideau Duplessis Maître des Requêtes : Oüi son Raport, aprés en avoir communiqué aux sieurs Pussort, d'Aligre, de Pommereil, & de la Reynie, Conseillers d'Etat ordinaires de Sa Majesté, Commissaires à ce députez par Ordonnance du Conseil du 28. Janvier 1687. & tout consideré : LE ROY ETANT EN SON CONSEIL, faisant droit sur le renvoi dudit Parlement de Roüen, A ORDONNÉ ET ORDONNE, que la veuve du fils qui a survécu son pere, & qui s'est porté heritier d'icelui, peut avoir doüaire sur la succession de son beaupere décedé avant son mari, suivant l'ancienne Jurisprudence : Et que les voix des pere & fils, deux freres, beaupere & gendre, oncle & neveu étant de même avis en afaires generales & publiques, seront reduites à une : Ordonne Sa Majesté qu'à la diligence de son Procureur General audit Parlement, le present Arrest sera registré au Gréfe d'icelui, & dans tous les Siéges de la Province ; & que toutes Lettres à ce necessaires seront expediées. FAIT au Conseil d'Etat du Roi, tenu à Versailles le trentiéme Aoust mil six cens quatre-vingt-sept. Signé, PHELYPEAUX.

LOUIS par la grace de Dieu, Roi de France & de Navarre : A nos amez & feaux les Gens tenans nôtre Cour de Parlement de Roüen, SALUT. Par l'Arrest ci-attaché sous le Contrescel de nôtre Chancellerie, ce jourd'hui donné en nôtre Conseil d'Etat, Nous y étant, sur le partage intervenu en nôtredite Cour, & par elle renvoïé, afin de donner un Réglement au sujet du Doüaire des femmes, dont les maris ont survécu leurs peres, & pour savoir si les voix des pere & fils, deux freres, beaupere & gendre, oncle & neveux étans de même avis en afaires generales & publiques, doivent être comtées pour plus d'une ; Nous aurions ordonné que la veuve du fils qui a survécu son pere, & duquel il s'est porté heritier, peut avoir doüaire sur la succession de son beaupere décedé avant son mari, suivant l'ancienne Jurisprudence, & que les voix des pere & fils, deux freres, beaupere & gendre, oncle & neveux étans de même avis en afaires generales & publiques, seront reduites à une, & que pour cet éfet toutes Lettres seroient expediées : A CES CAUSES, Nous vous mandons & ordonnons par ces Presentes signées de nôtre main, de faire enregistrer ledit Arrest & ces Presentes dans les Registres dudit Parlement : Enjoignant à nôtre Procureur General en icelui de faire à cet éfet toutes les poursuites, requisitions & diligences necessaires, & de le faire pareillement enregistrer dans tous les Siéges de la Province, pour être le contenu audit Arrest & desdites Presentes ponctuellement observé & executé selon leur forme & teneur, nonobstant Clameur de Haro, Charte Normande, & Lettres à ce contraires : CAR TEL EST NÔTRE PLAISIR. Donné à Versailles le trentiéme jour d'Aoust, l'an de grace mil six cens quatre-vingt-sept, & de nôtre Régne le quarante-cinquiéme. Signé, LOUIS.

Et plus bas, Par le Roi, PHELYPEAUX. Et scellé d'un Sceau de cire jaune.

VEU par la Cour, les Chambres assemblées, l'Arrest du Conseil d'Etat & la Commission y attachée, du 30. jour d'Aoust dernier, touchant le Doüaire des femmes en Normandie : Conclusions du Procureur General du Roi, & oüi le sieur Fauvel de Touvens Conseiller-Commissaire en son Raport, & tout consideré. LA COUR a ordonné que ledit Arrest du Conseil & Commission seront registrez au Registre de la Cour, lûs & publiez à l'Audience d'icelle, pour être executez selon leur forme & teneur, & que les Vidimus en seront envoïez à la diligence du Procureur General du Roi en tous les Bailliages & Jurisdictions de ce Ressort, pour y être à la diligence de ses Substituts, lûs, publiez & registrez, & y être pareillement executez. Enjoint ausdits Substituts de certifier la Cour dans le mois de la diligence qu'ils auront faite. FAIT à Roüen en Parlement, les Chambres assemblées, le vingt-uniéme jour de Janvier 1688. Signé, JACQUES.

La Dot & le Doüaire se peuvent demander en cas de mort civile ou naturelle : Et dans la mort civile on comprend la longue absence du mari, la publication ou le decret de ses biens, & la separation ou divorce de la femme.

L'heritier n'est point obligé de bailler doüaire à la femme que sur les heritages qu'il a eus de la succession, & la femme a son doüaire, à charge d'en user comme un bon pere de famille, & d'entretenir les maisons de couvertures, & les plans de pommiers, & en faisant les menuës réparations ; surquoi il faut observer qu'il y a deux sortes de réparations, les unes apellées volantes ou menuës, qui regardent l'usufruitier, & les autres apellées grosses ; comme de mettre des poutres, sommiers, réedifier un mur, ou mettre des meules à un Moulin.

L'usufruitier peut obliger le proprietaire à faire les grosses réparations, faute dequoi il les fait faire à ses dépens.

Et pour faire faire les réparations volantes, il peut abatre du bois sur le fonds par autorité de Justice, & en y apellant le proprietaire.

Pour entendre les autres charges du doüaire, il faut considerer la femme comme heritiere du mari, ou comme aïant renoncé à sa succession.

Dans la premiere qualité elle a ſon doüaire, comme il eſt dit, ſur tous les biens dont le mari étoit ſaiſi lors de ſon mariage, & ſur ce qui lui eſt venu en ligne directe pendant icelui, & ſur toutes les aquiſitions qu'ils ont faites ; à charge de païer pendant la vie la tierce partie des arrerages de toutes les rentes de la ſucceſſion.

De plus, la femme a la moitié des meubles ſi ſon mari n'a point d'enfans, à charge de païer la moitié des dettes mobiles ; s'il y a des enfans, elle n'y a que le tiers, en païant le tiers des dettes ; mais s'il n'y a que des filles qui ſoient mariées, & que le meuble qu'on leur a promis en mariage ſoit païé, la femme a la moitié des meubles.

Il faut encor obſerver ſi la femme a eu une ſucceſſion en meubles depuis ſon mariage, qui excede la moitié du don mobil, le mari doit remplacer la moitié deſdits meubles au profit de ſa femme ; & même s'il n'a pas eu de don mobil, il eſt obligé à ce remplacement : c'eſt pourquoi quand il échet une pareille ſucceſſion, il doit faire un bon Inventaire, autrement la femme en pouroit verifier la valeur par la commune renommée, ou bien par le ſerment.

Quand la femme renonce à la ſucceſſion du mari, elle a ſon doüaire ſur tous les biens dont il étoit ſaiſi lors de ſes épouſailles, ou qui lui ſont échûs en ligne directe depuis le mariage, à charge de païer la tierce partie des arrerages des rentes anterieures de ſon mariage; mais comme elle n'a rien aux meubles, elle ne païe rien des dettes mobiliaires. Cette renonciation ſe doit faire judiciairement dans les quarante jours aprés la confection des Inventaires, & doit être ſignée ſur le Regiſtre du Gréfe par la veuve qui renonce, aprés que le Juge l'a purgée par ſerment que ſa renonciation n'eſt point en fraude, & qu'elle n'a pris ni concellé aucuns des biens meubles de ſon mari.

Ce tems de ſix ſemaines ne ſe comte que du jour que la mort du mari eſt ſçûë communément ; & l'Ordonnance donne en outre les quarante jours, qui ſont les jours de pleurs, trois mois pour faire Inventaire, aprés lequel tems on peut renoncer ; mais le plus ſûr eſt de renoncer dans les quarante jours.

La femme qui renonce eſt nourie pendant les quarante jours aux frais de la ſucceſſion, on lui doit en outre les habits de deüil, & les biens parafernaux qui vont ordinairement à la ſixiéme partie des meubles meublans ; & quelque petit que ſoit le meuble, la femme a toûjours ſa robe, ſon lit & ſon cofre ; mais quand elle a ſtipulé qu'elle remportera des meubles par son Contrat de Mariage, en remportant lesdits meubles, elle n'a point de parafernal.

Quand le mari a raquité des rentes anterieures de son mariage, la femme a son tiers sur les heritages sans contribuer à la rente, *quia semel extincta, nunquam revivifcit;* mais si le mari vend de ses heritages à juste prix, & sans fraude pour raquiter ladite rente, la femme n'y peut prétendre de doüaire.

Il faut savoir que la femme, quoiqu'elle soit heritiere de son mari, ne contribuë point aux frais funeraux & legs testamentaires; qu'on lui doit en outre ses habits funeraux, eu égard aux biens & à la condition du mari.

La femme perd son doüaire quand elle abandonne son mari sans sujet, lors de la maladie dont il est mort; ce qui cesse quand cela est arrivé par la faute du mari; quand elle a été accusée & convaincuë d'adultere par son mari, ou quand étant demeurée grosse, elle s'est remariée auparavent son acouchement. La rigueur du Droit la prive encor de son doüaire, quand elle s'est gouvernée impudiquement dans l'an de son deüil; car comme le doüaire est la récompense de la pudicité, la privation du doüaire doit être la peine de l'impudicité; cependant cela ne se pratique pas, *quia laboriosa est castitas in viduis.*

Quand la veuve demande doüaire, elle doit aporter trois lots, les heritiers en choisissent deux, & ne lui en laissent qu'un. Ils les peuvent blâmer; mais en attendant le Jugement des blâmes, on ajuge provision d'un lot à la veuve. Si la femme renonce, elle peut déposseder les aquereurs des biens de son mari, pour lui bailler son doüaire; mais en faisant des lots, elle doit mettre les premieres alienations dans le premier lot, les deuxiémes dans le second, & ainsi par ordre, afin que les aquereurs les puissent choisir dans l'ordre de leurs hipoteques.

Si les pactions de mariage pour la dot & pour le doüaire, sont portées par écrit, on ne peut verifier contre, & en outre ce qui est écrit; mais s'il n'y a point d'écrit, les parens communs peuvent déposer de la verité desdites pactions dont ils sont croïables; & si le mari renonce à la succession de son pere, sa femme n'est pour cela privée d'y prendre doüaire aux charges de droit, & aux termes ci-devant expliquez.

Le doüaire finit par la perte du fonds sur lequel il est constitué; c'est ce qu'on apelle en Droit *rei interitu*, comme s'il étoit établi sur une rente dûë sur la recette qui fût suprimée par le Roi.

Il faut aussi observer que quand un homme n'a que des rentes Seigneuriales, foncieres ou hipoteques, les Debiteurs desdites rentes les peuvent amortir au préjudice de la Femme, du tiers Coûtumier, de ses Enfans & de ses Creanciers, s'il n'y a eu des défenses faites de raquiter à leur préjudice, sauf leur récompense sur les autres biens du mari.

La femme valablement separée de biens d'avec son mari, n'est pas obligée de renoncer à sa succession, parce que la separation équipole une renonciation ; jusques-là que la femme ne peut jamais rien prétendre aux meubles & aquêts faits par son mari depuis la separation, quand il seroit parvenu à une meilleure fortune ; & même la femme peut obtenir du Juge un delai pour renoncer au-delà des six semaines portées par la Coûtume.

Quand la femme a soustrait des meubles avant sa renonciation, elle est réputée pour heritiere, & elle est privée de la part qu'elle pouvoit prétendre aux meubles par elle concelez ; mais quand la soustraction est commise par la femme aprés la renonciation, elle est seulement tenuë de raporter ce qu'elle a soustrait, sans être réputée pour heritiere ; elle n'est pas pour cela poursuivie criminellement, mais civilement, *Actione rerum amotarum ob honorem bene transacti matrimonii.*

Le droit de viduité est aquis au mari sur tous les biens que la femme possedoit lors de son decez, de quelque nature qu'ils puissent être, pourvû qu'il ait eu enfant né vif : Et passant dans un second mariage, l'usufruit est réduit au tiers.

Si le bien de la femme étoit occupé par un autre usufruitier, l'usufruit finit, il revient au profit du mari, lequel est obligé de contribuer à la nourriture des enfans de sa femme ; mais en leur baillant la tierce partie de son usufruit, il est quitte de cette charge.

Le mari peut ceder son droit de viduité à ses enfans au préjudice de ses Creanciers ; & par la même raison, la femme a le même pouvoir pour son doüaire.

Par la Coûtume generale de Normandie, tous les meubles qu'aporte la femme en se mariant, apartiennent de droit au mari, s'il n'est autrement stipulé par le Contrat de Mariage : Car la femme peut stipuler qu'elle remportera tous les meubles, ou qu'ils tiendront nature de dot, auquel cas il en fait faire inventaire & estimation avant la celebration des épousailles, & cette consideration fait que le mari doit païer les dettes mobiles de sa femme; & que l'on a établi cette maxime, que quiconque épouse la femme, épouse les dettes : Mais il n'en est pas de même des meubles échûs à la femme par succession depuis son mariage; car quand ils excedent la moitié du don mobil, le mari en doit remplacer la moitié au nom de sa femme, comme il a été dit; & pour les meubles de la femme valablement separée, ils apartiennent aux enfans au préjudice du mari; & s'il n'y a pas d'enfans, on les emploïe à aquitter les dettes du mari; & les dettes aquittées, il fait son profit du surplus.

Il nous reste à parler du tiers Coûtumier des enfans. Ce droit leur aquiert la proprieté du tiers de tous les biens dont leur pere étoit saisi lors de ses épousailles, ou qui lui son venus en ligne directe depuis le mariage : Et au regard des biens de la mere, ils ont la proprieté du tiers de ses immeubles, de quelque maniere qu'ils lui soient venus, soit par aquest, donation ou succession.

Ce droit est un droit sacré & inalienable pendant la vie du pere & celle des enfans; c'est à dire, que le pere pendant que ses enfans vivent, ni les enfans pendant la vie du pere, ne peuvent vendre, aliener, ni ne peuvent aussi hipotequer; & toutes les obligations qu'ils font pendant la vie de leur pere, ne sont pas exigibles sur leurs personnes, sur le tiers Coûtumier, ni sur les meubles qui servent à la faire valoir même aprés le decez du pere, & toute la ressource de leurs creanciers n'est que sur les autres biens qu'ils peuvent posseder d'ailleurs.

Cette Jurisprudence est un éfet de la prévoïance des Compilateurs de la Coûtume, qui en réformant l'ancien usage de la Province, ont voulu assurer l'état des familles en liant les mains des peres qui ne peuvent consommer que les deux tiers de leur bien, & qui en se mariant laissent & abandonnent à leurs enfans la proprieté du tiers; car si à Rome un heritier institué ne pouvoit pas être chargé tellement de legs, qu'il ne lui restât entre les mains la quatriéme partie de la succession franche & déchargée de toutes dettes, il est plus juste que cela se pratique pour le tiers dans les successions directes, qui se déferent par la Loi, par le canal du sang, & par la consideration de parenté, puisqu'un pere qui donne l'être à ses enfans, doit le leur conserver, & leur laisser des biens capables de les entretenir.

Ce tiers est si favorable, que son hipoteque se prend du jour de la reconnoissance du Contrat de Mariage, au lieu que le doüaire n'a son hipoteque que du jour des nôces, parce que le premier s'aquiert par le seul dessein de contracter mariage, par le vœu & par l'esperance d'avoir des enfans, & l'autre ne se gagne qu'au coucher.

Le tiers Coûtumier des enfans n'est pas seulement sujet au tiers capital des rentes anterieures du mariage de leur pere, mais encor au tiers des arrerages non prescrits subsidiairement, & en cas qu'ils ne puissent être païez sur les deux autres tiers.

Et quoique les enfans soient obligez au tiers des rentes anterieures du mariage de leur pere, il est certain qu'ils ne doivent aucunes choses des arrerages échûs pendant sa vie, parce que si cela avoit lieu, un pere par intelligence & par collusion laisseroit tant tomber d'arrerages, qu'il aneantiroit le tiers Coûtumier de ses enfans.

Il faut observer que le tiers Coûtumier n'est reçû que dans les successions directes, & que comme c'est un privilege personnel aux enfans, il n'est point transmissible à leurs heritiers collateraux, s'ils n'ont fait option, ou demandé ledit tiers, avant que de mourir.

S'il n'y a que des enfans d'un lit, le tiers Coûtumier se prend sur les terres non venduës, quand elles sont sufisantes de le fournir ; mais s'il n'y a plus de terre, on s'adresse aux derniers aquereurs, qui sont dans la liberté d'abandonner leurs aquisitions, ou d'en païer l'estimation en roture au denier vingt, & en noble au denier vingt-cinq. S'il y a un fief qui compose le tiers Coûtumier, l'aîné l'a par préciput à charge de païer la provision à vie à ses puînez, & de marier ses sœurs; mais si les aquereurs païent l'estimation du fief, les prix s'en partagent également entre les freres.

S'il y a des enfans de divers lits, il est en leur liberté de prendre leur tiers Coûtumier sur les biens qu'avoit leur pere lors de ses premieres, secondes & troisiémes nôces, pourvû qu'ils soient nez avant la mort des enfans des précedentes nôces.

Les enfans n'ont point de tiers quand ils renoncent à la succession de leur pere, mais s'ils ne renoncent pas tous, celui qui renonce a sa part sur ledit tiers, & non pas le tiers entier ; & lorsque les petits enfans qui ont renoncé à la succession de leur pere, viennent à la succession de leur aïeul, ils doivent raporter ce qu'il a donné à leurdit pere, ou ce qu'il a païé pour lui.

L'estimation que l'aquereur peut païer au lieu du tiers en essence, doit

doit être faite eu égard à ce que valoit le bien au tems du decez du pere ; mais si l'aquereur en tient procez, l'estimation se paie eu égard au tems du decez ou de la condamnation au choix des enfans.

Il faut donc observer trois choses dans le tiers Coûtumier. La premiere, qu'il n'y a point d'ouverture de le demander que quand les enfans renoncent à la succession de leur pere : La seconde, qu'il est inaliénable, & que les enfans ne le peuvent aliener, vendre, engager ni hipotequer pendant la vie de leur pere, & qu'il n'est pas transmissible aux collateraux, s'il n'a été opté par les enfans avant que de mourir : La troisiéme, que l'hipoteque du tiers Coûtumier se prend comme du jour du Contrat de Mariage, mais toutefois que la femme en joüit pendant sa vie au préjudice des enfans.

Il nous reste à parler des secondes nôces & mariages, & des avantages que les maris & les femmes qui passent en de seconds mariages, se peuvent faire l'un à l'autre.

Il faut observer que les seconds mariages sont odieux, qu'ils sont apellez *honestæ fornicationes*, & que les loix les tolerent plûtôt qu'elles ne les permettent : Et en éfet, c'est le tombeau de l'amour paternel & maternel, la ruine des familles, & le suplice des enfans du premier lit. Et c'est pourquoi les Loix ont retranché les doüaires autant qu'elles ont pû dans les seconds mariages. Cette Jurisprudence a commencé dans le Droit Romain. Nos Rois ont fait l'Edit des secondes nôces, & nôtre Coûtume, suivant ses maximes, a voulu que la femme ne pût donner au second mari de ses meubles ni de ses immeubles, qu'autant qu'en aura celui de ses enfans qui en aura le moins, ce qui se régle par le nombre des enfans qu'elle laisse en mourant, & non pas par celui qu'elle avoit en se mariant ; de sorte que si une femme avoit un fils & dix filles, le mari n'auroit de son bien qu'autant qu'une des filles, c'est à dire l'onziéme partie du tiers.

Cela doit obliger le mari qui épouse une femme veuve qui a des enfans, de faire inventaire de tous ses meubles, afin de faire voir aux enfans du premier lit, aprés le decez de leur mere, en quoi lesdits meubles consistoient, autrement on seroit reçû à verifier contre lui la quantité & qualité desdits meubles par la commune renommée, *aut jurejurando in litem*.

La femme de son côté n'a doüaire que sur les biens dont son second mari étoit saisi lors de ses épousailles, ou qui lui sont depuis venus en ligne directe ; quoique les mariez ne se puissent donner de leurs biens l'un à l'autre, cependant quand le mari vend les immeubles de ſa femme, il peut lui bailler de ſon heritage pour les remplacer, pourvû que ce ſoit valeur pour valeur, & ſans fraude.

Il ne reſte plus que les diferences du Doüaire & du tiers Coûtumier à expliquer.

La femme a ſon doüaire, quand elle n'auroit point d'enfans, ſur les ſucceſſions directes & ſur les aquêts du mari, ſoit qu'elle renonce ou non; à la réſerve que quand elle renonce, elle n'a pas de doüaire ſur les aquêts.

Le tiers Coûtumier ſe régit par les mêmes régles, & les enfans ne le peuvent demander qu'en renonçant à la ſucceſſion de leur pere. Il a hipoteque du jour du Contrat de Mariage, & le doüaire comme du jour des épouſailles. On peut bailler aux enfans les terres non venduës pour leur tiers Coûtumier, où les dernieres alienations, ou leur en païer l'eſtimation; ce qui ne ſe fait pas pour le doüaire de la femme.

Les enfans ont le tiers Coûtumier, comme des premieres, ſecondes & troiſiémes nôces. La femme n'a ſon doüaire que ſur les biens qu'avoit ſon mari lors des épouſailles.

Le droit de viduité n'apartient qu'au mari qui a eu des enfans vifs, *in præmium vigoris & fœcunditatis*, & la femme a ſon doüaire, quoiqu'elle n'ait pas d'enfans.

Le droit de viduité conſiſte à joüir de tous les biens que la femme poſſedoit lors de ſon decez, de quelque nature qu'ils ſoient, & le doüaire ne ſe prend que ſur les biens dont le mari eſt ſaiſi lors des épouſailles, ou qui lui ſont depuis échûs en ligne directe.

Le mari en ſe remariant perd les deux tiers de l'uſufruit, & la femme en ſe remariant ne perd pas ſon doüaire.

Formulaire de Renonciation à la ſucceſſion du mari par la Veuve.

Cet Acte ſe fait devant le Bailli, ſi c'eſt une Demoiſelle; & devant le Vicomte, ſi c'eſt une roturiere, comme il enſuit.

DEvant Nous... s'eſt preſenté... veuve de... vivant... de la Paroiſſe... depuis un mois preſenté en perſonne, & par... ſon conſeil ou ſon Procureur, laquelle a déclaré renoncer à la succeßion mobiliaire dudit feu . . . son mari, & a demandé délivrance de son doüaire, de sa dot & de ses biens parafernaux : Surquoi aprés que ladite . . . dûëment par Nous interpellé de dire verité, a juré & afirmé que ladite renonciation n'est faite en fraude, & qu'elle n'a pris ni concelé aucuns des meubles, lettres ni écritures demeurées aprés le decez de son mari; Nous lui avons accordé Acte de sadite renonciation qu'elle a signée sur le Registre, ce fait nous lui avons ajugé son doüaire & sa dot sur les biens dudit feu son mari, en exemtion des dettes par lui contractées depuis leur mariage; & pour les parafernaux, nous lui avons ajugé son lit complet, cofre ou bahu, ses habits & linge à son usage, quatre plats, six aßietes; ou bien le Juge met pour ses parafernaux, *Nous lui avons ajugé la sixiéme partie des meubles meublans, dont nous ferons liquider sur l'Inventaire des meubles, & Mandement, &c.*

TITRE XVI.

DES TESTAMENS.

LE testament se définit en Normandie comme à Rome, un juste témoignage de nos dernieres volontez : Mais il y a cette diference, qu'à Rome les heritiers pouvoient tout ce qu'ils vouloient en la disposition de leurs biens ; & qu'en Normandie, la puissance qu'a un homme de disposer de son bien, est limitée par la Coûtume à une certaine quantité, qu'il ne peut outre passer.

A Rome c'étoit une régle, qu'un pere par son testament établissoit une loi à tous ses heritiers, *uti paterfamilias legassit, ita jus esto* ; Mais en Normandie la Coûtume fait la loi à tous les testamens & aux testateurs, contre laquelle ils ne peuvent disposer ; & elle rétreint la liberté de ceux qui se sentans moribons, donnent facilement un bien qu'ils sont en état de perdre.

Dans les testamens nous avons deux choses à considerer, la matiere & la forme.

Dans la matiere, on considere de quels biens on peut tester, qui sont ceux qui ont pouvoir de tester, & ceux en faveur de qui on peut tester.

C'est une maxime generale en Normandie, qu'un homme ne peut tester de son immeuble, c'est à dire, qu'il ne peut donner de fonds ni de rentes par son testament ; si toutefois il en donne, la donation se prend sur les meubles, s'ils sont capables de la porter. Cette maxime generale soûfre trois exceptions.

La premiere est, qu'un homme n'aïant point d'enfans, peut donner la tierce partie de ses aquêts par son testament à qui bon lui semble ;

autre toutefois qu'à sa femme ou parens d'icelle, pourvû qu'il vive aprés son testament trois mois entiers, & qu'il n'ait disposé du tiers entre vifs.

La seconde exception est, qu'un homme pour causes pieuses peut donner une année de l'usufruit de ses heritages.

La troisiéme est, qu'un bâtard qui n'a point d'enfans ni de famille, peut donner ses immeubles à qui bon lui semble par son testament, parce que la prohibition de la Coûtume est fondée sur le dessein qu'elle a de conserver le bien dans les familles. Cette prohibition cesse en leurs personnes. *Imbert* dit qu'ils peuvent tester de tous leurs biens, & *Papon* dit qu'il a été souvent jugé de même, *Liv.* 21. *tit.* 3. *art.* 5.

Un homme qui est marié, & qui n'a point d'enfans, peut donner la moitié de ses meubles; mais s'il les donne à sa femme, la donation se réduit à la valeur de la moitié de ses immeubles.

Un homme qui n'est point marié, peut disposer de tous ses meubles, sur lesquels les frais funeraux & legs testamentaires sont païez.

Pour faire testament, il faut être âgé de vingt ans, & n'être pas en curatelle pour disposer du tiers de ses aquêts ou de tous ses meubles.

Les bâtards peuvent tester comme les legitimes, & ceux qui sont âgez de seize ans peuvent disposer du tiers de leurs meubles; & même un homme marié peut disposer de la moitié de ses meubles, quand il n'a que des filles mariées dont il a païé le mariage.

Les femmes mariées peuvent tester, s'il leur est permis par leur mari, ou qu'il soit ainsi convenu par le Traité de Mariage.

On peut donner ses meubles, comme il a été dit, & même à son fils naturel avoüé; mais un pere & une mere ne peuvent donner de leurs meubles à un de leurs enfans plus qu'à l'autre.

Pour la forme, il faut savoir qu'il y a deux sortes de testamens, l'un écrit & l'autre olografaire: & en Normandie on ne connoît point un testament nuncupatif, qui signifie prononcé.

Le testament écrit ou ordinaire, doit être reçû par le Curé du lieu ou son Vicaire, par un Notaire ou Tabellion, presence de deux témoins, âgez de vingt ans accomplis & non legataires; presence desquels le testateur doit déclarer sa volonté, & s'il est possible le dicter; & aprés, lecture lui doit être faite du testament, presence de tous les dessusdits témoins; & doit être le testament signé du testateur, aprés lecture du Curé ou Vicaire, du Tabellion ou Notaire & témoins; & s'il ne peut signer à cause de son infirmité, on doit exprimer dans le testament la cause pour laquelle il n'a pû signer.

Toutes les précautions & formalitez susdites empêchent les suggestions dans les testamens; car on se prévaut ordinairement de l'infirmité d'un moribond, pour exiger de lui des choses où il ne pense pas; & quand on pratique toutes les formalitez, on empêche les fraudes qui se pratiquent aux testamens.

Le testament olografaire, est celui qui est écrit & signé de la main du testateur, qui n'a point besoin de toutes les formalitez susdites, car il est exemt de toutes suggestions; & on dit que c'est un enfant posthume, auquel le défunt a confié ses plus cheres volontez.

Le testateur établit quelquefois des executeurs par son testament, lesquels doivent être saisis de ses meubles pour executer les legs portez par le testament, si l'heritier ne leur veut bailler des meubles, jusqu'à la concurrence de la valeur des legs.

Forme de Testament.

AU Nom du Pere, du Fils, &c. fut present... de la Paroisse... lequel étant en son lit malade, sain toutesfois d'esprit & entendement, considerant qu'il n'y a rien de plus certain que la mort, ni de plus incertain que l'heure d'icelle, a voulu disposer de ses afaires spirituelles & temporelles, devant Nousdits, ainsi qu'il ensuit.

Premierement, il a donné son corps à la terre, son ame à Dieu, le priant de lui faire misericorde de ses pêchez, par l'intercession de la Bien-heureuse Vierge Marie, & tous les Saints & Saintes de Paradis; & a déclaré qu'il veut être enterré dans l'Eglise de..., au lieu & place de ses ancêtres.

Item. *Il a donné à l'Eglise dudit lieu, & aux Prêtres d'icelle, la somme de.... pour dire & celebrer.... Services pour lui.*

Item. *Il a donné à... & a signé presence de deux... témoins, presence desquels lecture a été faite de tout ce que dessus.*

TITRE XVII.

DE DONATIONS.

LA Donation est une liberalité volontaire qui s'exerce sans contrainte.

Il y en a de deux sortes, l'une entre vifs, & l'autre à cause de mort.

Celle qui se fait entre vifs ne se révoque jamais que par l'ingratitude du donataire, ou par la survenance des enfans; mais si la donation est faite en faveur de mariage à la femme, elle a l'usufruit de la chose donnée pendant sa vie; & si elle est faite au mari, la femme y a droit de prendre son doüaire.

La donation à cause de mort, est celle qui est faite par la considération de la mort, qui est révocable par le donateur, quand il s'en repend ou qu'il se porte mieux; elle n'a pas plus de force que le testament, & se régit par les mêmes régles.

Quand la donation est conçüe entre vifs, elle n'est pas moins réputée à cause de mort, lorsque le donateur l'a faite étant malade de la maladie dont il est décedé, à moins qu'il n'ait vécu quarante jours aprés, & que la donation n'ait été acceptée & insinuée de son vivant.

Cela supose, il faut savoir quelle est la matiere & la forme de cette donation.

Dans la matiere, on considere les choses qui se peuvent donner, les personnes qui peuvent donner, & celles à qui l'on peut donner.

Dans la forme, toute personne âgée de vingt ans peut donner la tierce partie de tous ses immeubles à qui bon lui semble; autre toutefois qu'à son heritier, ou à celui qui descend du donateur en ligne directe, mais non pas à celui qui descend du donataire, à charge de paier la tierce partie des dettes : Mais si le tiers n'est pas entierement donné, les dettes se prennent sur le residu du tiers.

Quand il y a diversité d'heritiers aux propres & aux aquêts, on peut donner aux heritiers au propre la tierce partie du propre ; & quand on donne la totalité des aquêts, la donation se réduit à la tierce partie de tous les biens, quand il n'y a qu'un seul heritier ; mais s'il y a diversité d'heritiers, c'est à dire, les uns au propre & les autres aux aquêts, la donation de tous les aquêts se réduit au tiers d'iceux.

Un pere ne peut donner à un de ses enfans plus qu'à l'autre ; mais quand il avance ses enfans d'une partie de la succession, il peut donner la tierce partie de ce qu'il retient. Il ne peut donner aucun immeuble à un bâtard; mais quand la donation n'est pas excessive, on condamne l'heritier d'en paier l'estimation pour marier la fille bâtarde.

Pour donner, il faut avoir la puissance & la volonté, c'est à dire, qu'il faut être *sui juris* ; Pour recevoir, il ne faut pas avoir de resistance personnelle qui s'opose à la donation, comme seroit la femme du donateur, ou un des parens de la femme n'être pas fils naturel du donateur, son pedagogue ou son medecin, son tuteur, c'est à dire, quand le tuteur n'a point encor rendu comte, *propter metum perfidiæ*.

Il faut observer qu'un homme qui donne & qui retient, ne donne rien ; donner & retenir, c'est à dire, quand on donne avec la liberté de vendre & en joüir ; mais on peut donner la proprieté, à charge de joüir de l'usufruit pendant la vie.

Pour la formalité, il faut que les donations soient passées devant les Tabellions acceptez par les donataires, du vivant du donateur, laquelle acceptation se peut faire pour un mineur par le Tabellion qui reçoit la donation, & insinuée aux Assises des lieux où les choses données sont situées dans les quatre mois du jour de la donation, ou du moins du vivant du donateur.

L'acceptation se fait, parce que la donation est un contrat qui doit être entre deux personnes, & parce que le donataire s'oblige à paier les dettes du donateur à proportion de la valeur de la donation ; & l'acceptation est tellement essentielle dans les donations entre vifs, que sans elle elles seroient nulles de plein droit à l'égard des heritiers du donateur & de ses creanciers.

L'in-

L'insinuation se fait, *ut omnibus donatio innotescat*, afin que l'on ne contracte pas avec le donateur, dans la pensée que les choses données soient encor entre ses mains. Quand l'insinuation se fait dans les quatre mois, elle a un éfet retroactif au jour qu'elle a été faite; si bien que les dettes intermediaires n'afectent point la donation; mais si elle n'est faite dans les quatre mois, les choses données sont hipotequées à toutes les dettes que contracte le donateur jusqu'au jour de son insinuation.

Les donations faites par les femmes à leurs maris en se mariant, les donations aumônées & rénumeratoires, ne sont point sujettes à insinuation, parce que les premieres sont des choses ordinaires que l'on doit présumer: Les secondes, sont des contrats synallagmatiques, comme quand on donne pour avoir les services dans une Eglise; & les dernieres, c'est plûtôt, *datio in solutum, quam donatio.*

Le défaut d'insinuation compete aux heritiers comme aux tierces personnes, parce que si les heritiers avoient connu la donation par le moïen de l'insinuation, ils n'eussent pas accepté la succession; & ainsi quoique le défunt ne puisse pas exciper du défaut d'insinuation, parce qu'à son égard il n'en est pas besoin, puisqu'il ne peut pas ignorer une chose qu'il a faite: cependant les heritiers qui n'ont pas cette même connoissance, peuvent objecter le défaut d'insinuation; & les tierces personnes s'en peuvent servir, parce qu'ils ont contracté avec le défunt, sans être obligez de reconnoître la donation, puisqu'elle n'étoit pas insinuée; ce qui leur donne droit de decreter les choses données.

Les donations nulles doivent être révoquées dans l'an & jour, quand elles sont faites des peres à leurs bâtards, & dans les dix ans, quand elles sont faites à d'autres personnes; autrement aprés ces tems, elles sont bonnes & valables, pourvû qu'elles soient insinuées. Rente donnée par un pere pour un titre d'un Prêtre, son bâtard, a été aprouvée, par Arrest du 4. Juin 1509. raporté par Berault sur l'Article 437.

TITRE XVIII.

DES RETRAITS OU CLAMEURS de Bourse.

IL n'y a point de plus grande attache que celle qu'on a pour son païs,

> *Nescio quâ natale solum dulcedine cunctos*
> *ducit, & immemores non sinit esse sui.*

Mais on a encor une plus forte inclination pour joüir du bien de ses peres, & pour les conserver; ce qui obligea Ausone de quitter le Consulat que l'Empereur Gratian lui avoit donné pour venir habiter dans les Terres de ses Ancêtres, & de dire à leur aspect ces Vers:

> *Salve hærediolum majorum regna meorum,*
> *Quod proavus, quod avus, quod pater excoluit.*

C'a été sur ce motif que la Coûtume de Normandie a établi les Clameurs, par le moïen desquelles on peut conserver le bien dans les familles, qui est la seule fin que se sont proposez les Compilateurs de la même Coûtume. Ils n'ont pas puisé cette Jurisprudence dans le Droit Romain, qui donnoit tout à la volonté des hoirs, & qui ne vouloit pas soûfrir ce moïen, qui semble contrevenir à la bonne foi des aquereurs. Mais elle a trouvé l'exemple de cet établissement dans l'Ecriture Sainte, où il est porté que, si *frater tuus attenuatus fuerit & vendiderit portiunculam, jure affinitatis eme & posside.*

Il eſt donc certain que les clameurs étans établies ſur un fondement ſi legitime & ſi naturel, ſont tres-favorables : cependant comme c'eſt un privilege de parenté & de famille, il faut exactement obſerver toutes les formalitez de la Coûtume, *uſque ad apicem*, autrement, *qui cadit à ſyllabâ, cadit à toto;* & c'eſt en ces rencontres que l'omiſſion d'une formalité preſcrite par la Coûtume ne ſe répare point par équipolence, parce que *nihil fieri & minus bene æquipolleantur, in hoc caſu multa imperfecta non poſſunt reddere actum perfectum.*

La Clameur ou le retrait en general ſe définit une faculté accordée par la Coûtume aux lignagers, aux Seigneurs, à l'aquereur perdant, ou au proprietaire de retirer un fonds alıené par leurs parens ou leurs vaſſaux, ou decreté par la dette de leur vendeur, ou quand une rente fonciere eſt venduë, en uſant de clameur dans les quarante jours de l'audience du Contrat, ſi la terre eſt en bourgeoiſie, & dans l'an & jour du Contrat ſi les terres ſont hors bourgeoiſie.

Il y a quatre ſortes de Clameurs. La lignagere, la feodale, la clameur à droit de lettre lûë, & la clameur conventionnelle; on y en peut ajoûter une cinquiéme, la clameur à droit de proprieté. Chaque clameur a ſes privileges & ſes particularitez. Nous les expliquerons par ordre, nous parlerons enſuite des formalitez que chacune clameur doit obſerver, & nous finirons en traitant des fraudes qui ſe commettent dans les Contrats, pour empêcher les clameurs, & de celles qui ſe commettent par les clamans pour dépoſſeder injuſtement un aquereur de bonne foi : enſuite nous expliquerons les Contrats qui ne ſont point ſujets à clameur.

La premiere & la plus naturelle de toutes les Clameurs eſt la clameur lignagere ou à droit de ſang, puiſqu'elle a ſes fondemens dans les principes de la nature : auſſi c'eſt une maxime que les clameurs ſe régiſſent par le même droit que les ſucceſſions, que celui qui eſt préferé dans les ſucceſſions, eſt préferé dans la clameur, ſoit qu'il s'agiſſe de la vente d'un propre ou d'un aqueſt, que de ligne directe. On clame juſqu'au ſeptiéme degré, de ſorte qu'entre clamans également parens, ils concourent dans la clameur comme dans la ſucceſſion : & il eſt vrai de dire que les clameurs & les ſucceſſions *paripaſſu ambulant.*

Mais comme il peut y avoir de la conteſtation entre les heritiers au propre maternel, ou au propre paternel, pour ſavoir de quelle nature eſt le bien clamé, &, entre les heritiers au propre & les heritiers aux aquêts, pour ſavoir ce qui eſt propre & ce qui eſt aqueſt, & entre l'aîné & les puînez, on a établi les trois maximes ſuivantes.

Tout bien eſt réputé propre paternel, s'il n'aparoît du contraire, de ſorte que ſi un parent maternel clamoit, & un parent paternel c'amoit auſſi, il faudroit que le maternel juſtifiât que le bien vendu fût du côté de la mere, autrement il ſeroit ajugé au parent paternel : car comme par le droit commun les filles n'heritent point, on ne préſume point qu'un homme ait aucun propre paternel, s'il n'eſt juſtifié du contraire.

La ſeconde maxime eſt, que tout heritage eſt préſumé propre, s'il n'eſt juſtifié qu'il ſoit aqueſt, laquelle préſomption eſt établie ſur l'inclination qu'a la Coûtume de conſerver les biens dans le nom de la famille.

La troiſiéme eſt, que tout heritage eſt cenſé reüni au corps du fief, s'il n'aparoit du contraire, laquelle préſomption eſt fondée ſur ce que les fiefs dans leur origine n'étant qu'un ſeul corps, ne ſont point préſumez être diviſez, s'il ne paroît du contraire : ſi bien que ſi un aîné clame un fief que les puînez prétendent qu'il y ait des rotures qu'ils peuvent clamer, il faut qu'ils juſtifient que les terres ſoient démembrées, autrement elles ſont ajugées à l'aîné comme reünies.

Il faut obſerver que la parenté eſt le fondement de cette clameur, & que ſi la parenté eſt conteſtée ou méconnuë, il faut bailler genealogie, & la prouver ; & ſi dans une même année il y a pluſieurs ventes, les parens du premier vendeur ſont préferez dans la clameur, aprés eux les parens dudit vendeur, & ainſi conſecutivement.

Le pere comme tuteur naturel de ſes enfans, ou de l'un d'iceux, peut clamer les heritages qu'il a vendus ; mais ils doivent être remis à partage au profit des autres enfans, ſi celui ſous le nom duquel ils ont été clamez n'avoit des biens ſufiſans pour parvenir à la clameur.

La mere n'a pas ce privilege, car elle ne peut clamer au nom de ſes enfans, ſi elle n'eſt établie tutrice. Le tuteur peut clamer au nom de ſes pupilles.

Il faut auſſi remarquer que le parent doit clamer dans les quarante jours de l'audience du Contrat, les heritages vendus en bourgeoiſie, & dans l'an & jour pour les autres biens.

L'audience du Contrat eſt un acte qui ſe fait à l'iſſuë de la Meſſe Paroiſſiale du lieu, où l'heritage clamé eſt ſitué, à jour de Dimanche par le Curé ou Vicaire, aprouvé par le Sergent de la querelle ou Tabellion, qui doivent ſigner l'audience du Contrat ſur le dos d'icelui preſence de quatre témoins idoines & non ſuſpects, qui doivent être dénommez, & ſignez dans l'audience, dont Regiſtre doit être fait, afin que par cet acte le Contrat étant public, les parens le puiſſent connoître pour uſer du droit de retrait, s'ils veulent dans le tems preſcrit par la Coûtume; & s'il y a la moindre nullité dans l'audience, le Contrat eſt clamable dans trente ans.

Comme l'audience du Contrat peut ſe perdre, l'aquereur pour ſa ſûreté peut la faire regiſtrer au Gréfe des lieux pour en retirer un acte. Cette précaution eſt tres-utile, car on ne reçoit point la preuve par témoin d'une audience, & quand l'Egliſe eſt ſituée dans une Province étrangere, comme à Pontorſon, & que les heritages ſont ſituez en Normandie, on le fait audiencer dans le proche Marché, ou dans la Juriſdiction d'où dépendent les heritages.

Quand il s'agit de clamer une terre venduë par decret devant le Juge, ſous le territoire duquel elle eſt ſituée, il faut clamer dans l'an & jour de l'adjudication difinitive, qui n'a beſoin d'être audiencée; parce que les diligences qui ſe ſont faites ſur le decret, la rendent aſſez connuë à tout le monde, ſans qu'elle ſoit davantage publiée; & quand il y auroit apel du decret, il faut que les lignagers clament dans l'an & jour de l'adjudication, autrement ils n'y ſont plus recevables.

Mais ſi le decret s'eſt fait dans une Juriſdiction étrangere en vertu de Lettres de mixtion, il ne faut point audiencer l'adjudication; mais quand il s'eſt fait par un Arreſt de la Cour, il faut l'audiencer, & il ſufit que la clameur ſoit ſignifiée dans l'an & jour, quand l'aſſignation pour proceder ſur icelle tomberoit aprés l'an, pourvû qu'elle ſoit donnée aux prochains Pleds d'heritages; car ſi elle étoit plus éloignée, la clameur ſeroit nulle, & le clamant debouté.

Pour les formalitez de la clameur, il faut qu'elle ſoit ſignifiée par le Sergent de la querelle, il faut que le clamant ſoit preſent en perſonne ou en vertu de Procuration ſpeciale; qu'il déclare quels heritages il clame, par quel Contrat ils ont été vendus, de la ſituation, bornes & jouxtes des heritages clamez, que la clameur ſoit ſignifiée à l'aquereur ou au détenteur des heritages aquis, qu'on lui ofre de le rembourſer de tous les prix & loïaux coûts de ſon Contrat, c'eſt à dire, du prix principal, du vin, du treiziéme, du ſalaire des Tabellions, des frais du Contrôle, de l'audience & du Seau du Contrat, & de 4 liv. 10 sols pour les vacations quand les prix passent 100 liv. & 60 sols au dessous, ce qui est une Jurisprudence observée à Vire que je trouve irréguliere : Car il faudroit en observant l'ordre des autres Jurisdictions de la Province, que le clamé baillât déclaration de ses vacations au clamant pour la contester, sur laquelle le Juge régleroit ce qui lui faudroit bailler.

Quand l'aquereur n'a point joüi, il faut lui païer l'interest de son denier; s'il a joüi on ne le lui doit pas, & les fruits sont ajugez au clamant du jour de l'assignation de la clameur, & du jour de l'exibition & numeration judiciaire des deniers; Et si l'aquereur est chargé d'aquiter son vendeur de quelques rentes ou dettes, le clamant est obligé de les garnir actuellement, à moins que le vendeur ne décharge l'aquereur, en consentant que le clamant en demeure chargé, ou ceux à qui sont dûës lesdites rentes ou dettes ne font le même consentement : Si le clamé n'obeït à la clameur, on l'assigne aux prochains Pleds d'heritages pour proceder sur icelle, & le clamant doit signer dans l'Exploit de la clameur, & au Registre du Sergent avec deux témoins & ledit Sergent : Si la clameur est faite en vertu de procuration, il faut en bailler une copie : Si l'aquereur a fait des dégrademens, il faut qu'il les païe au clamant : S'il y a fait des augmentations utiles ou necessaires, il faut l'en récompenser; & si elles ne peuvent être liquidées sur le cham, le clamant baille caution de les rembourser, & l'aquereur aporte memoire des augmentations & reparations.

Il faut observer que le mari peut clamer au nom de la femme les heritages vendus par les lignagers de ladite femme, mais la femme ou ses heritiers doivent rendre au mari ou ses heritiers la moitié des prix du retrait & des augmentations faites sur le fonds retiré.

La seconde clameur est la clameur feodale, c'est un droit aquis au Seigneur, de retirer les heritages vendus par son Vassal qui dépendent de sa Seigneurie.

Ce retrait se fait en vertu de la directe Seigneurie retenuë par les Seigneurs, en infeodant leurs Terres à leurs Vassaux, & en faveur de l'inclination qu'ont toutes choses pour retourner à leur principe.

La diference qu'il y a entre cette clameur & la clameur lignagere est, que le lignager est préferé au Seigneur; mais aussi le lignager doit clamer tout le Contrat, & le Seigneur n'est obligé & ne peut clamer que ce qui dépend de sa Seigneurie.

La clameur à droit de lettre lûë, est un droit aquis à l'aquereur qui a possedé par an & jour, en vertu d'un Contrat d'aquest bien audiencé, pour retirer l'heritage qu'il avoit aquis, & dont il a été dépossedé par decret pour les dettes de son vendeur, en clamant dans l'an & jour de l'adjudication par decret, ou dans les quarante jours si les heritages sont en bourgeoisie.

Cette clameur s'apelle droit de lettre lûë, parce qu'elle se fait en vertu d'un Contrat bien audiencé, que la Coûtume apelle lettre lûë, & c'est une miserable ressource que la Coûtume a introduite en faveur d'un aquereur perdant.

La diference de cette clameur avec les deux précedentes est, que l'aquereur perdant & ses lignagers sont préferez à tous les autres clamans; parce que l'heritage a fait tige & souche dans la famille, & l'aquereur n'est obligé que de clamer ce qu'il auroit aquis seulement, & ne le peut en plus outre.

Quand il y a plusieurs heritages vendus compris au decret, & qu'il n'en clame qu'une partie, il rembourse sur le pié d'une estimation qui se fait, eu égard au total prix de l'adjudication ou enchere, & non pas sur la vraïe valeur de l'heritage, parce que le clamant doit avoir sa part du bon marché.

La quatriéme clameur est la clameur conventionnelle, qui est un droit aquis au vendeur ou à ses heritiers, de retirer ce qu'il a vendu en remboursant, consignant & déposant actuellement les deniers du Contrat au jour de l'assignation; ce qui se fait quand le vendeur a stipulé par le Contrat, faculté de pouvoir retirer la vente dans un tems limité par le Contrat, ce qu'on apelle en droit *pactum de retrovendendo.*

Il faut bien observer des choses sur cette clameur. 1°. Il faut faire une grande diference entre la vente conventionnelle, & le Contrat d'engagement ou pignoratif; car le premier est translatif de proprieté, *& per illum venditio est perfecta, quamvis sit resolutiva sub conditione,* & lorsque l'aquereur prend possession du fonds, le Contrat est parfait; mais quand le Contrat est fait pour assurer le prest d'une somme ou la constitution d'une rente, ou qu'il est conçû sous les termes d'une vente conditionnelle, & que neanmoins le vendeur demeure en possession du fonds vendu, en païant l'interest au denier du Roi, ce Contrat n'est point translatif de proprieté, & le proprietaire peut rembourser toutesfois & quantes.

2°. C'est qu'il y a deux sortes de clameurs conditionnelles, l'une temporelle, & l'autre perpetuelle.

La temporelle est celle qui est limitée dans un certain tems. Il faut venir dans la derniere année de ce tems, & l'on n'a pas l'an & jour comme dans les autres clameurs. Pour entendre cela, il faut remarquer que si un homme vend le 26. Janvier, l'aquereur fait audiencier son Contrat le matin du 28. le lignager devroit faire signifier sa clameur le 27. de Janvier de l'année suivante au matin, si l'on comtoit *de momento ad momentum*. Mais comme la Coûtume lui donne l'an & jour, il la peut faire signifier tout le reste du jour du 27. Janvier.

Il n'en est pas de même de la clameur conventionnelle, où le tems est comté, *de momento ad momentum*.

3°. C'est que celui qui clame à droit Seigneurial ou à droit de lettre lûë, est seulement obligé d'ofrir les deniers du rembours ; mais celui qui clame à droit conventionnel, doit auparavant l'expiration de la condition ofrir les deniers, & en cas de refus consigner & déposer actuellement les deniers du Contrat, frais & loïaux coûts, ou autrement, il n'est plus recevable à la clameur.

La cinquiéme clameur est à droit de proprieté, qui est un droit aquis au proprietaire d'un heritage sujet à une rente fonciere, en vertu duquel il peut retirer la rente fonciere venduë à un étranger, à laquelle clameur il est préferable aux lignagers, & aux Seigneurs en faveur de la reconsolidation de l'usufruit avec la proprieté, ce qui est une nouvelle Jurisprudence établie par le Réglement de la Cour du 6. Avril 1666. qui veut que cette rente venduë puisse être clamée par le debiteur.

Il y a encor une espece de sixiéme clameur accordée au proprietaire par decret, d'une Terre noble par l'Article 567. de la Coûtume, par lequel il peut retirer ce qui a été omis du fief ou du domaine dans le decret, en païant l'estimation au denier vingt aux Creanciers revalidez, ou s'il n'y en a point, au decreté.

Les Eclésiastiques ne peuvent clamer non plus que les Engagistes du Domaine du Roi pour retirer à droit feodal, parce que les premiers sont de main-morte, inutils à l'Etat, qui par la suite des tems, ou par leur épargne, se rendroient maîtres de tous les biens du Roïaume ; & les seconds, parce qu'ils n'ont qu'un simple droit de joüir, révocable quand il plaira au Roi, lequel ne clame jamais.

On

On peut vendre le droit de clameur à droit de condition, ou à droit de lettre lûë : Mais le droit de clameur à cause de parenté ou de la feodalité est incessible, mais transmissible aux heritiers. On ne tient pourtant plus à la rigueur pour la clameur lignagere.

Les formalitez de la clameur ont été expliquées ci-dessus : Il y en a deux qu'il faut encor observer.

Dans la clameur feodale, il faut que le Seigneur justifie sa tenure; & s'il y a d'autres heritages qui ne soient pas de sa tenure, il faut convenir d'estimateurs pour arbitrer la vraïe valeur de l'heritage qui dépend de lui. On observe s'il est Seigneur, s'il n'a point reçû de treiziéme du Contrat de l'aquereur, ou s'il n'a point reçû son hommage; car s'il avoit fait l'un ou l'autre, il auroit tellement ratifié le Contrat, qu'il ne le pouroit plus clamer, *quod semel placuit, amplius displicere non potest.*

Dans la clameur à droit de lettre lûë, il faut que l'aquereur justifie deux choses; la premiere, un Contrat bien audiencé; & la seconde, la possession par an & jour, qui le rend proprietaire incommutable, c'est à dire, qui lui donne droit de retirer à droit de lettre lûë : Surquoi il faut observer qu'un aquereur perdant la premiere année de son Contrat bien audiencé, ne peut faire aucun dégradement sur l'heritage par lui aquis; mais lorsqu'il est devenu proprietaire incommutable, il peut en user comme de son bien : Et lorsque l'aquereur a justifié ces deux choses, & qu'il a été dépossedé par decret, il peut clamer à droit de lettre lûë. Celui qui a aquis par échange ou fiéfe, ne peut clamer à droit de lettre lûë.

Lorsque la clameur est gagée, le garnissement, c'est à dire, le remboursement se doit faire dans les vingt-quatre heures; & s'il y a eu refus, & depuis obeïssance, il sufit de rembourser dans la prochaine Assise si c'est du noble, & dans les prochains Pleds d'heritages si c'est de la roture.

Quand un homme veut gagner les fruits, il doit ofrir & consigner ses deniers, auquel cas l'aquereur n'en a l'interest qu'au denier vingt : Mais si on promet de faire cesser les clameurs lignageres, le vendeur doit supléer l'interest au denier dix-huit : Et c'est ainsi que le Réglement de la Cour a voulu qu'on pratique les Articles 480. & 490. de la Coûtume.

Il faut observer que le clamant doit entrer dans la place de l'aquereur, *in omnem eventum*; si bien que si l'aquereur a pris mal ses précautions & ses assurances, il ne doit lui en rien reprocher; parce qu'en clamant il a aprouvé son Contrat, & il faut lui rendre tout ce qui lui a coûté, *quia emptor debet abire indemnis*.

L'heritage retiré tient nature de propre & non d'aqueſt. Le garnissement doit être fait en or ou argent, & non en doubles; le Juge toutesfois ordonne que sur cinquante livres, on prendra cinq livres de doubles.

Quand les heritages sont decretez en vertu de Lettres de mixtion, il ne faut point d'audience à l'adjudication : Mais quand le decret est fait en vertu d'un Arrest de la Cour des terres situées en divers Bailliages, l'adjudication se doit audiencer pour les heritages qui sont situez hors le Bailliage où ils ont été decretez.

Les heritages donnez pour récompense de services, se peuvent clamer en païant leur estimation : Et les baux faits à longues années, c'est à dire à plus de neuf ans, se peuvent aussi clamer.

Il n'y a rien de plus ordinaire dans les clameurs que les fraudes que font les aquereurs pour empêcher l'éfet du retrait, & pour s'assurer l'éfet de leur aquisition : Il n'y a rien aussi de plus frequent que des parens qui clament frauduleusement pour déposseder un aquereur, afin de faire tomber son heritage entre les mains d'une tierce personne; & comme les fraudes sont également odieuses, la Coûtume donne trente ans aux lignagers pour retirer les Contrats frauduleux; & elle donne un pareil tems pour retirer leur aquisition, quand ils en ont été dépossedez par une clameur frauduleuse.

La premiere fraude se commet dans le Contrat : La seconde dans la clameur.

Pour empêcher les fraudes des Contrats, la Coûtume a voulu que toutes les clauses, conditions & stipulations qui sont retenuës par les vendeurs & les aquereurs, soient inserées dans les Contrats de vendition, & publiées, autrement on n'y a aucun égard, & ne sont tenus les clamans les accomplir : Et lorsqu'un heritage est clamé, & que l'aquereur méconnoît le Contrat de son achat, il confisque le prix du Contrat au benefice du Roi, l'heritage demeure au clamant, & le treiziéme au Seigneur; ce qui arrive aussi au creancier qui méconnoît le gage, car il confisque les deniers qu'il a prêtez sur le gage au profit du Roi, & le gage est rendu à celui qui l'a baillé.

Il faut examiner de quelle maniere se commettent les fraudes dans les Contrats pour empêcher les clameurs, & celles qui se font dans les clameurs pour dépoſſeder les aquereurs.

Pour empêcher les clameurs, on groſſit le prix du Contrat, ou bien on le déguiſe ſous les termes d'un Contrat non clamable, comme d'une fiéfe ou d'une échange, qui ne ſont pas ſujets à clameur; on peut verifier que le prix du Contrat a été enflé, qu'il n'étoit par exemple que de 1000 liv. & que l'on y en a mis 1500 liv. pour déguiſement du Contrat, ſi auparavant l'an & jour le preneur en fiéfe raquite la rente, ou que celui qui a échangé, ou perſonne interpoſée pour lui, rachete le contr'échange dans l'an & jour, ce Contrat eſt clamable dans trente ans; & ſi cela ne ſe fait pas, on peut prouver, tant par Témoins que par Cenſures Ecléſiaſtiques, que les Parties ont déguiſé un Contrat de vente ſous les termes d'un Contrat de fiéfe ou d'échange, afin d'empêcher les clameurs lignageres; ce qu'on apelle, *fraus de uno contractu ad alium contractum;* & elle ſe prouve tant par Témoins de certain, que par Monitoires : car les Loix conſiderent ces fraudes comme des crimes, *dolus noxæ æquiparatur.* On régle ſur la fraude les Parties à écrire & produire; & quand les faits de fraude ſont pertinens, on en admet la preuve; s'ils ſont bien prouvez, on juge à bonne cauſe la clameur; s'ils ſont mal prouvez, on deboute le clamant.

La fraude ſe commet dans la clameur, quand un lignager eſt ſuſcité par une tierce perſonne pour dépoſſeder un aquereur de bonne foi, & qu'il n'a pas veritablement deſſein de garder l'heritage ou d'y profiter; mais il faut obſerver qu'il n'y a que le deſſein qui faſſe la fraude : car un lignager peut retirer un heritage pour le revendre & y gagner. Mais quand on verifie qu'il a clamé pour dépoſſeder un aquereur, & remettre l'heritage en une main étrangere, que cette propoſition a précedé le retrait, l'aquereur peut rentrer dans ſon aquiſition dans les trente ans. On tient la même procedure ſur cette fraude que ſur la premiere; on n'y tient pourtant pas à la rigueur preſentement.

Il y a une troiſiéme fraude qui ſe commet dans les clameurs entre deux clamans, quand un plus proche lignager clame en fraude pour empêcher la clameur d'un plus éloigné; car ſi le plus éloigné laiſſe la ſuite de la clameur au plus proche, & qu'il faſſe voir enſuite que la clameur fut frauduleuſe, il eſt ſans doute que le parent le plus éloigné joüira du benefice de la clameur.

Il reſte à expliquer les Contrats qui ne ſont point ſujets à clameur.

On ne clame point un échange pur & simple, & fait sans retour. Il n'y a donc point de clameur en échange, parce que c'est une accommodation qui se fait entre voisins, par laquelle le fonds échangé est remplacé sur le contr'échange, par la régle *subrogatum sapit naturam subrogati;* & parce qu'aussi la famille est desinteressée par le fonds qui y entre en la place de celui qui en sort.

Mais s'il y a retour, quelque petit qu'il soit, fait en argent ou en meubles, ou rente raquitable, le Contrat est clamable pour le regard de la terre qui est baillée sans retour, car c'est elle qui est achetée.

Le Contrat de fiéfe par une rente fonciere & irraquitable n'est point clamable, parce que la directe Seigneurie du fonds fiéfe demeure toûjours entre les mains du bailleur en fiéfe, & que le preneur n'en a que l'utile Seigneurie : Mais s'il y avoit la moindre somme baillée pour vin ou faculté de rachat de la rente par le Contrat ou par un Acte separé, il seroit clamable dans trente ans.

Le Contrat de transaction n'est point clamable, quand celui qui transige n'est point dépossedé des terres qui lui étoient contestées, quand même il bailleroit quelqu'argent pour sortir de procez ; ce qui se peut entendre par l'exemple suivant.

Pierre a vendu tous ses heritages à Jean. Gilles fils de Pierre aprés la mort de son pere renonce à sa succession, & il poursuit ledit Jean pour lui délivrer son tiers Coûtumier. Jean pour en demeurer quitte, paie une somme à Gilles afin d'éviter la dépossession ; ce Contrat n'est point clamable ni sujet à treiziéme, parce que Jean n'est pas dépossedé.

Les bois vendus en haïe ne sont point sujets à clameur, mais les bois en troches y sont sujets, quoiqu'ils soient vendus à charge de les enlever, pourvû qu'ils soient encor sur le pié lors de la clameur ; ce qui se pratique aussi pour une maison, à charge de la démolir.

Les terres données gratuitement, ou pour cause d'amitié, ne sont point sujettes à clameur, à cause que le donataire doit conserver le don qu'on lui a fait pour en avoir toûjours de la reconnoissance.

Ce qui se fait même quand la donation est faite, à charge par le donataire de nourir & entretenir le donateur.

Les ventes faites par necessité pour accommoder le public, comme pour faire un Cimetiere, une Eglise, un Bareau, ou une autre place publique, ne sont point sujettes à clameur, parce que l'interest public fait cesser le particulier.

Les heritages vendus pour dettes d'un confisqué ne peuvent être clamez, parce qu'on ne lui succede point; mais cela n'exclud pas les clameurs lignageres.

La vente des meubles ne se clame point, parce que les meubles en France ne font ni côté ni ligne, à cause de la vilité du prix, *in his enim affectio non cadit, quia vilis est & abjecta possessio mobilium:* Mais quand un homme vend ses droits universels dans une succession qui est composée de meubles & d'immeubles, la clameur a lieu pour le tout; parce que l'immeuble qui est le plus noble, attire à soi le meuble qui est le moins noble.

Les Bâteaux ne se clament point, quoiqu'ils soient saisis par decret & vendus.

Il y a encor un Contrat qui n'est point sujet à clameur, comme quand un pere ou un frere baillent de l'heritage à leurs fils ou à leurs sœurs, ou à ceux qui les ont épousées, en païement de leurs promesses de mariage.

De plus, quand un homme s'est rendu adjudicataire par decret d'une terre, s'il subroge un tiers au droit de son adjudication, auparavant la tenuë de l'état, la subrogation n'est sujette ni à clameur ni à treiziéme.

Formulaire d'Exploit de Clameur.

.... certifie que ce ... c'est à moi presenté ... de la Paroisse ... lequel a mis & couché entre mes mains une Clameur, pour retirer à droit de certains heritages vendus par ... son ... à ... de la Paroisse ... par Contrat passé ... audiencé le ... ensuivant : Lesquels heritages sont situez & assis dans la Paroisse ... qui sont jouxte & devises par ledit Contrat, laquelle clameur j'ai signifiée audit ... parlant à ... a ... midi, le sommant & interpellant de faire renduë & remise desdits heritages audit requerant, à laquelle fin je lui ai ofert de le rembourser en or ou en argent découvert, les prix & loïaux coûts dudit comte : Et vû son refus, je lui ai fait assignation, en parlant comme dessus, à comparoir aux prochains Pleds d'heritages ou Assises ... en Vicomté ... ou Bailliage ... à ... d'aprés la huitaine franche, pour être oüis & proceder

ſur ladite Clameur, copie dudit Contrat & Exploit baillée preſence de ... deux témoins, la demeure, profeſſion, ſignez avec ledit requerant, tant au Regiſtre que dans les Exploits délivrez, (Procureur.)

Il faut obſerver que cet Exploit ſe doit faire par le Sergent de la querelle, c'eſt à dire du lieu d'où les heritages dépendent ; car un Huiſſier n'a pas qualité pour cet éfet.

Il faut que le clamant ſoit ateſté preſent en perſonne, ou qu'il envoïe procuration expreſſe pour cet éfet, qu'elle ſoit ſignifiée au clamé, & que le clamant ou ſon Procureur ſignent, tant dans le Regiſtre du Sergent que dans les Exploits des Parties, autrement la clameur ne vaut rien : Et quand un homme ratifieroit une clameur faite en ſon nom aprés l'an & jour paſſé, la ratification ne ſeroit pas conſiderable, mais elle ſeroit bonne ſi elle étoit ſignifiée dans l'an & jour.

Il faut auſſi qu'il ait deux témoins ſignez, tant dans le Regiſtre que dans les Exploits : Car dans toutes matieres hereditaires, la Cour veut qu'il y ait deux témoins ſignez, tant dans le Regiſtre que dans les Exploits.

Formulaire de Sentence ſur une Clameur.

ES Pleds ... ou aux Aſſiſes de ... tenus par Nous ... entre ... clamant, pour retirer à droit de ſang ou de lettre lue ... ou autrement ... certains heritages vendus par ... à ... par Contrat ... audiencé le ... de ... enſuivant, ſuivant les fins de l'Exploit de ... Sergent du ... d'une Paroiſſe, & ... défendeur, qui a obeï faire renduë des heritages par lui aquis d'autre part, Nous diſons à bonne clauſe ladite clameur, en quoi faiſant ledit ... condamné de faire remiſe deſdits heritages audit ... à laquelle fin Nous avons renvoïé les Parties à demain dix heures de matin, attendant douze, devant les Tabellions de ce lieu, pour proceder à ladite renduë, en rembourſant par ledit ... ledit ... du prix principal, vin, treizième, façon de Lettres dudit Contrat, avec cinq sols pour l'audience d'icelui, & quatre livres pour les vacations, avec l'interest desdites sommes au denier vingt, & Mandement... fait comme dessus.

Formulaire d'un Contrat de renduë.

LE... de... devant les Tabellions à... fut present... lequel obeïssant à la clameur à lui signifiée par... pour retirer à droit de... certains heritages à lui vendus par... frere.. ou cousin... ou fils... par Contrat passé en ce Tabellionnage, le... suivant la Sentence renduë entre les Parties... en la Jurisdiction, le... a par ce present rendu & remis au nom & ligne, & profit dudit... les heritages contenus audit Contrat, qu'il lui a pareillement remis entre les mains, dûëment signé, sellé, contrôlé, audiencé & treiziémé, & fut ladite renduë faite au moïen de la somme de... à quoi se sont trouvez monter les prix, loïaux coûts, vin & treizième, façon de lettres & vacations dudit... aprés jet & calcul, laquelle somme a été presentement païée, comtée & nombrée en or & argent aïant cours à l'Edit du Roi par ledit... audit... qui s'en est tenu à content & bien païé, presens deux témoins.

Formulaire d'une signification de Clameur à droit conventionnel.

.... c'est à moi presenté... de la Paroisse de... lequel a mis & couché clameur en mes mains, comme en main de Justice, pour retirer à droit conventionnel, &c. avec faculté de les pouvoir retirer dans les... ans, lesquels heritages (comme ci-devant Formulaire d'Exploit de Clameur) *pour proceder sur ladite cla-*

meur, en attendant je lui ai déclaré que ledit alloit presentement consigner & actuellement déposer la somme de... entre les mains de... Gréfier des Consignations à... pour sur icelle somme être pris deniers necessaires, afin de parvenir audit retrait, donnant assignation audit... par intimation de droit, à comparoir à quatre heures aprés midi au Gréfe des Consignations, pour être present à ladite consignation : Copie dudit Contrat & Exploit baillée audit... presence... qui signeront sur les Exploits de Registre avec le Requerant.

TITRE

TITRE XIX.

DES CHOSES CENSÉES MEUBLES, & quelles censées immeubles.

LA connoiſſance de la diference des biens eſt d'une grande importance, parce qu'elle régle les droits des divers heritiers, & qu'elle aprend quels ſont les biens qu'on peut ſaiſir en decret, ou qu'on peut vendre par une ſimple execution.

Il faut donc ſavoir que tous nos biens ſont meubles ou immeubles, & qu'un homme peut avoir des heritiers au meuble qui ne le ſont pas à l'immeuble, comme il arrive ſouvent dans la ſucceſſion collaterale.

Il faut auſſi obſerver qu'un creancier ne peut faire vendre l'immeuble de ſon debiteur pour ſa dette, qu'en le ſaiſiſſant par decret; & pour le meuble, il le peut faire vendre par une ſimple execution.

Il faut auſſi obſerver que le meuble n'a point de ſuite par hipoteque, c'eſt à dire, quand une perſonne a vendu & livré ſon meuble, les Creanciers ne le peuvent arrêter vertu de leur Obligation entre les mains de celui qui l'a acheté; mais il n'en va pas de même de l'immeuble, car un debiteur ne peut vendre ſon immeuble au préjudice de ſon creancier, qui peut vertu de ſon Obligation ſaiſir en decret l'immeuble qui a apartenu à ſon debiteur, lorſqu'il a été vendu depuis ſon Obligation contractée, ce qu'on apelle voïe hipotequaire: mais il ne peut pas executer les meubles qui ſont ſur le fonds vendu, s'il n'avoit une rente fonciere.

Tout cela fait connoître la necessité de savoir certainement quels biens sont meubles, & quels biens sont immeubles ; & pour aquerir cette connoissance, il faut observer trois régles generales.

La premiere est, que tout bien est meuble qui se peut mouvoir par soi-même ou par autrui.

La seconde est, que tout bien est immeuble quand il ne se peut mouvoir par soi-même ni par autrui.

La troisiéme est, que la cause ou la destination rendent les choses meubles, immeubles, & que le tems rend les choses immeubles, meubles.

Les deux premieres régles sont faciles à entendre, mais la troisiéme a besoin d'explication.

Une obligation causée pour vente de terre pour dot, les deniers donnez aux enfans mineurs pour être emploïez en fonds ou rentes, sont réputez immeubles, parce que la cause procedant d'une vente de fonds, ou du païement d'une legitime, ils retiennent la nature de leur cause immobiliaire.

Les rentes constituées à prix d'argent, quoique raquitables, sont réputées immeubles ; mais les deniers qui procedent du rachat sont réputez meubles, à moins que les rentes n'apartiennent à des mineurs, ou qu'elles ne soient constituées pour vente d'heritages.

L'usufruit des choses immeubles est ordinairement réputé immeuble, mais les arrerages des rentes Seigneuriales ne sont réputez meubles, que du jour que le païement est échû.

Les pepinieres, les chênotrieres, les ormaïes, haîtrieres, & autres jeunes arbres provenans de plantes ou de semences, suivent le fonds ; parce que neanmoins les heritiers aux meubles y ont part, si la succession échet dans l'année qu'elles doivent être levées, & les Fermiers qui les ont faites du consentement du proprietaire six ans avant l'expiration de leur bail ; mais les lignagers n'y ont aucune part.

La destination rend les meubles, immeubles ; ce qui fait que les utensiles des maisons qui tiennent à fer, clou & plâtre qui sont unis pour perpetuelle demeure, ou qui ne peuvent être enlevez sans fraction ou déterioration, sont réputées immeubles : Il en est de même d'un Moulin, d'un Pressoir, des Cuves, des Tonneaux qui ne peuvent être enlevez sans desassembler : Il en est de même des

Chaudieres, & des Cuves des Teinturiers & Brasseurs étant bâties dans leurs Maisons, qui passent à la personne de celui qui a lesdites Maisons pour partage.

Les Poissons des Etangs sont réputez immeubles, & ceux des Reservoirs, meubles.

Tout Ofice est réputé immeuble, & peut être vendu par decret, ou par licitation avant la résignation admise, & provision faite au benefice d'un tiers.

Il faut observer que tout Ofice consiste en fonction, ou en fonction & Jurisdiction.

En fonction, comme les Ofices de Receveurs, des Sergens, des Contrôleurs, Tabellions, Gréfiers & Grenetiers, & ils s'apellent Ofices venaux, qui se peuvent decreter comme une terre.

En fonction & Jurisdiction, comme les Oficiers ordinaires, les Baillis & Vicomtes : ceux-là ne se peuvent decreter, mais on prend une permission de la Cour, pour les faire liciter à la Barre de la Salle du Palais; & quand ils ont été licitez, la Cour ordonne que l'Oficier baillera une Procuration, *ad resignandum*; dans un tems limité, à faute dequoi l'Arrest en vaudra.

Mais quand un Ofice est vendu avant qu'il soit saisi en decret, & que la résignation est admise, il est certain que l'Ofice n'a pas de suite par hipoteque, c'est à dire, qu'il ne pouroit pas être saisi pour les dettes de celui qui en étoit titulaire. Mais il y a un moïen pour empêcher cette surprise, qui est que les Creanciers peuvent s'oposer au Seau tous les ans, c'est à dire, envoïer leur oposition à Monsieur le Chancelier à Paris, qui ne selle jamais les Provisions qu'aux charges de l'oposition, en quoi faisant l'Ofice demeure toûjours afecté à l'hipoteque du creancier.

Le tems rend les choses immeubles, meubles, comme les blés, les foins, quoique pendans par les racines, & qu'ils ne soient siez & coupez, sont meubles le lendemain de la S. Jean-Baptiste ; & les pommes & les poires sont censées meubles le second jour de Septembre : Les deniers des Fermes sont censez meubles du jour de la récolte, quoique les termes du Bail ne tombent que longtems aprés, & le prorata des rentes foncieres & hipotequées est censé meuble.

TITRE XX.

DES PRESCRIPTIONS.

LA prescription est un moïen d'aquerir un bien immeuble ou un meuble, ou bien de s'aquiter du meuble, qui est fondé sur le tems limité par la Loi, c'est à dire, sur la possession déterminée par la Coûtume & par le Droit, & sur la bonne foi.

Ce moïen est de droit & public, parce qu'il assure le repos des familles, & que la prescription est considerée comme la patronne du genre humain, qui en terminant le procez, finit l'inquietude des hommes.

La prescription a deux éfets, l'un d'aquerir, & l'autre de liberer.

Par la Coûtume generale de Normandie, la possession quadragenai e sert de titre, c'est à dire, que quand une personne a possedé un fonds quarante ans sans interruption, il n'a pas besoin d'autres titres pour s'en conserver la proprieté & la possession : Ce n'est pas qu il faille abandonner ses titres, pourvû qu'ils ne soient pas vicieux, *qu a melius est non exhibere titulum quam exhibere vitiosum*, & c'est pourquoi il faut toûjours conserver ses Contrats autant que l'on peut, car quelques anciens qu'ils soient on les fait revivre par la possession.

Il est donc certain que quand un homme a possedé un fonds par quarante ans, la possession quadragenaire sufit en la verifiant par témoins.

L'Article 527. de la Coûtume, qui dit, que *nul n'est tenu d'attendre preuve de son heritage par témoins*, n'empêche la preuve de la possession quadragenaire : Mais la Coûtume dans cet Article ne reçoit la preuve d'un homme qui voudroit verifier par témoins, qu'un proprietaire lui auroit vendu, fiéfé & échangé son heritage; car tous Contrats hereditaires & hipotequaires doivent être passez devant Tabellions, ou du moins sous seing privé des Contractans ; neanmoins si le Contrat bien tabellionné & reconnu avoit été perdu, on peut faire preuve de son contenu, de la possession qui l'a suivie, & de ce que le Contrat a été tenu, vû & lû.

Le droit de Patronage est imprescriptible, parce qu'il participe de la spiritualité, & qu'un seul presenté pouroit faire une prescription.

La faculté de racheter une rente est imprescriptible, *in odium usuræ;* mais si la rente est créée en faveur de mariage, pour dot, ou pour fonds, ou pour retour de lot, elle demeure irraquitable aprés quarante ans, mais il faut que la rente paroisse constituée pour dot, & qu'elle n'ait pas passé dans une main étrangere avant les quarante ans; car en ce cas elle demeureroit toûjours hipoteque, & seroit toûjours sujette à raquit.

Si elle est créée pour fonds, il ne faut pas que ce soit le prix de la vente qui soit constitué en rente hipoteque, mais il faut que ce soit une rente créée pour demeurer en possession du fonds contesté. Il en est de même du retour de lot, quand il y a une somme de deniers emploïée pour retour de lot, & non une rente.

Le bien du Roi ne se presc rit jamais, car la prescription est un privilege du droit Civil accordé par le Roi, qui ne peût pas retourner à son préjudice, *bonum officium nemini debet esse damnosum.*

Le Seigneur feodal ne peut prescrire la terre de son Vassal saisie en sa main, ni le Vassal la foi & hommage qu'il doit à son Seigneur.

La prescription n'a point de lieu entre coheritiers avant les partages faits, parce que l'on présume toûjours de la mauvaise foi dans un coheritier qui s'est emparé de la succession, puisqu'il connoît le droit des autres heritages.

Le second éfet de la prescription est de liberer, & pour cela il faut observer que le tems seul libere, & que la mauvaise foi n'empêche point la prescription; car celui qui ne s'est pas fait paier en tems & lieu, *jus suum remisisse visus est.*

Il y a des prescriptions momentanées, de six semaines, de six mois, d'un an, de trois ans, de cinq ans, & de dix ans, de vingt, trente & quarante ans.

Les momentanées sont pour les Cabaretiers & les Maîtres de Jeux de Paume. Au sortir de leurs maisons ils n'ont point d'action contre ceux qui ont fait de la dépense chez eux, parce que se sont des lieux où on trouve occasion de consommer son bien : Mais cela n'a pas de lieu pour les Taverniers qui sont sur les Ports & Havres pour la nourriture des compagnons, pendant qu'on radoube le Vaisseau.

L'action redhibitoire n'a que six semaines de poursuite, qui se donne à celui qui a acheté un meuble vicieux contre son vendeur.

Les Marchands, gens de Mêtier, les Boulengers, Patissiers, Coûturiers, Selliers, Bouchers, Bourreliers, Passementiers, Maréchaux, Cuisiniers, Rotisseurs, & autres semblables, n'ont que six mois pour demander paiement de leursdites Marchandises.

Les Drapiers, Merciers, Epiciers, Orfévres, Maçons, Charpentiers, Couvreurs, Barbiers, Laboureurs, & les Serviteurs domestiques aprés un an, ne peuvent plus rien demander.

L'action en dommage & dégradement d'heritage, est annalle, ainsi que l'action en injures, & les dépens d'une execution taxez par Mandement, ainsi que les dépens d'un défaut.

L'action pour révoquer la donation faite à un bâtard, & pour rapeller les sœurs à partage, est annalle ; il en est de même des corvées.

Les arrerages des rentes Seigneuriales se prescrivent par trois ans, à la réserve des rentes dûës aux Seigneurs Hauts-Justiciers, dont ils peuvent demander vingt-neuf années.

On ne peut demander que cinq années d'une rente hipoteque.

La révocation des donations faites contre la Coûtume, n'est plus admissible aprés dix ans, & aprés le même tems on ne peut se relever d'un Contrat que l'on a fait en majorité.

L'action pour poursuivre un crime se finit par vingt ans, parce qu'aprés ce tems un accusé ne peut plus trouver les moïens de sa justification ; que dans un si long intervale les remors de sa conscience, & l'aprehension des châtimens, sont des boureaux secrets qui lui ont fait assez expier son crime.

Les actions perſonnelles, c'eſt à dire, les Obligations ſe preſcrivent par trente ans.

Les actions réelles ſe preſcrivent par quarante ans.

Il reſte à expliquer les moïens d'interrompre la preſcription; il faut un comte par écrit, une ſommation ou interpellation judiciaire, ou une obligation; car un Sergent ni Huiſſier ne peuvent faire aucune aſſignation, execution ni verite qui puiſſe interrompre la preſcription, à moins que l'obligé n'y ſigne; & pour les rentes hipoteques, ſi l'heritage de l'obligé eſt decreté, on peut en demander cinq années avant la ſaiſie réelle, & toutes les années qui ſont échûës pendant que le decret a duré; parce que le decretant eſt le procureur commun des Creanciers, & que ſa diligence opere pour tous.

Lorſqu'une rente hipoteque eſt proche de la preſcription, le creancier peut aſſigner le debiteur, ſon heritier ou l'aquereur de ſes biens, pour lui en paſſer reconnoiſſance ou titre nouveau.

TITRE XXI.

DU MARIAGE ENCOMBRE'.

Ariage est un mot sinonime qui a plusieurs significations.

1°. Il se prend dans le droit naturel pour l'acouplement des mâles avec les femelles, dans le droit des Gens, pour un Contrat de société; dans le droit Civil, pour un Contrat civil; & dans le droit Canon, pour un Sacrement.

2°. Mariage se prend pour la legitime des filles, comme quand on dit mariage avenant, ou pour le bien de la femme alienė & occupé par des aquereurs, auquel cas c'est un mariage encombré, c'est à dire, le bien de la femme empêché & occupé pour un tiers aquereur, & c'est dans cette signification qu'on le doit prendre dans ce Titre.

Cela présupose, le bref de mariage encombré se définit une action qu'a la femme par l'autorité du Juge, pour recouvrer la possession de son bien aliené par son mari sans son consentement dans l'an & jour du decez de son mari, lorsqu'elle a renoncé à sa succession.

Il faut observer que le bien des femmes est sacré, & que réguliérement il est inalienable; mais quand la femme du consentement de son mari ou par lui autorisée, & que le mari du consentement de sa femme vend les heritages de sa femme, les Contrats sont bons & valables, pourvû que la femme soit justement remplacée sur les biens de son mari, cessant dol, fraude, lésion ou minorité.

Il faut encor observer, que quand la femme ne renonce point à la succession de son mari, elle ne peut point blâmer les Contrats de vente qu'il a faits de son bien, quand même elle n'y auroit pas consenti,

senti, parce qu'en qualité d'heritiere de son mari, elle est obligée de garantir & faire valoir ses Contrats, *hæres enim tenetur præstare factum defuncti:* Et si elle vouloit troubler un aquereur, il la rapelleroit, parce qu'elle-même est garante de son action, suivant la maxime de Droit, qui dit, que *quem de evictione tenet actio, eundem agentem repellit exceptio.*

Il faut donc observer qu'une femme ne se peut servir de bref de Mariage encombré, qu'elle n'ait renoncé à la succession de son mari, auquel cas il faut regarder si la vente de son bien s'est faite de son consentement, c'est à dire, si elle a signé ou non; & si elle n'y a pas signé, elle prend un Mandement du Juge dans l'an & jour de la mort de son mari, pour se remettre en possession de son bien, & il faut que les aquereurs lui quittent son heritage. Si elle a laissé passer l'an & jour du decez du mari, il faut qu'elle prenne un Mandement de Loi aparente; parce qu'elle en a perdu la possession dans un tems qu'elle étoit libre d'agir: Que si elle a signé dans la vente de son heritage, & qu'elle ne se plaigne point de force ni de violence, ni de minorité, il faut qu'elle agisse contre les aquereurs de son bien, pour lui indiquer un remplacement sufisant sur les biens de son mari, ou autrement lui rendre son heritage, si mieux ils n'aiment lui en païer l'estimation; & l'hipoteque de la femme pour ces sortes de biens ne se prend que du jour de l'alienation.

Les femmes separées peuvent vendre les heritages qu'ils ont aquis depuis leur separation, sans l'autorité & permission de Justice. Elles peuvent aussi obliger & engager leurs meubles presens & avenir; & pour leurs immeubles, elles ne les peuvent vendre sans autorité de Justice & l'avis de leurs parens; mais les Contrats seront executez sur leurs meubles & sur le revenu des immeubles, aprés qu'il sera échû & amobilié.

Quand le bien de la femme est une dot qui a été païée en argent ou rente, la femme a l'hipoteque sur le bien du mari, comme du jour du Contrat & celebration du Mariage, & elle peut demander qu'on lui délivre les heritages afectez à sa dot non alienez, jusques à la concurrence de la valeur d'icelle, sans qu'elle soit obligée de les faire decreter, si mieux les creanciers ou les heritiers de son mari ne veulent lui païer le prix de sa dot.

La femme peut prétendre le remplacement, quand son bien a été vendu pour aquiter des rentes qu'elle devoit, ou qui a été remploïé à ſon profit ; mais ſi elle a commis un crime, & qu'elle ſoit condamnée à des interêts & dépens, le mari peut bailler ſa dot pour la liberer, ſi les fruits ne peuvent ſufire ; & ſi elle pourſuit criminellement quelqu'un, & perd ſa cauſe, on peut arrêter les fruits de ſa dot ; Et quand le mari l'autoriſe, & qu'il ne la deſavouë pas, il eſt prenable des condamnations jugées contr'elle : Surquoi il faut remarquer que les femmes mariées réguliérement ne peuvent agir ſans autorité de leurs maris ; mais cette régle generale ſoûfre deux exceptions : La premiere, qu'une femme peut agir pour injures à elle faites, *invito marito :* La ſeconde, que pendant l'abſence de ſon mari, elle peut agir contre ceux qui voudroient uſurper ſon bien, *quia periculum eſt in morâ, & melius eſt in tempore occurrere, quàm poſt cauſam vulneratam remedium quærere.*

Si la femme a vendu ſon heritage par l'avis des parens, & par permiſſion de Juſtice, pour redimer ſon mari de priſon, de guerre ou de crime, ou pour la nourriture de ſon mari, ou de ſes pere & mere, ou de ſes enfans, elle ne peut dépoſſeder l'aquereur, ſauf ſon recours ſur les biens de ſon mari, s'il parvient à meilleure fortune.

Il faut encor obſerver que les femmes ſeparées ne peuvent vendre leurs immeubles, comme il a été dit, parce que la ſeparation eſt un moïen établi pour conſerver le bien des femmes, & non pas pour le diſſiper.

Formulaire de bref de Mariage encombré.

.... de la part de ... veuve de ... décedé depuis ... mois, à la ſucceſſion duquel elle a renoncé, Nous a été exposé & donné à entendre, que ledit ... auroit vendu & aliené tous ſes biens immeubles depuis leur mariage, au profit de ... par Contrat paſſé ... & dautant que cette alienation ne peut ſubſiſter au préjudice de l'expoſant, elle requeroit nôtre Mandement pour être permiſe faire convenir ledit .... pour lui quitter la poſſeſſion deſdits heritages : Ce qu'accordé, &c.

La femme a hipoteque pour les dégrademens commis par ſon mari, ſur ſes heritages du jour du Contrat de Mariage.

TITRE XXII.

DES EXECUTIONS PAR DECRET.

L'Execution par decret eſt une vente que fait le Juge de l'heritage d'un debiteur au plus ofrant, aprés les formalitez preſcrites par la Coûtume obſervées.

Cette vente eſt forcée, & faite en haine de l'opiniâtreté d'un debiteur qui ne veut pas païer ſes dettes, & la Juſtice ſuplée au conſentement du vendeur.

Le decret ſe fait des biens de l'obligé ou de ſes heritiers, ou ſur les aquereurs de leurs heritages : Le premier ſe fait en vertu d'une obligation, ou d'une condamnation : Le ſecond ſe fait par la voïe hipotecaire.

Pour plus grande intelligence, il faut obſerver qu'un creancier a deux moïens pour exiger le païement pour ſes dettes : Le premier eſt la voïe perſonnelle, quand il pourſuit les biens meubles & immeubles de l'obligé ou de ſes heritiers, ainſi apelée, parce qu'elle eſt établie ſur le fait & obligation des perſonnes qu'on pourſuit, ou de leurs heritiers. Elle ſe fait proprement ſur les meubles, & ne ſe donne jamais contre un tiers détenteur, ſi ce n'eſt pour les arrerages d'une rente fonciere, comme d'un doüaire, d'une legitime, d'un lot ou d'un retour de lot.

Le ſecond eſt la voïe hipotecaire, qui eſt permiſe contre un tiers aquereur, & qui met en droit un creancier anterieur d'une aquiſition de la ſaiſir par decret.

Obligation ſe définit un acte legitime, par lequel une perſonne ſûmet & oblige ſi fortement tous ſes biens au païement d'une dette, qu'il ne les peut vendre à un tiers au préjudice de ses creanciers, ni empêcher qu'ils ne les saisissent par decret, en quelque main qu'ils puissent passer. Cela ne s'observe pas pour les meubles, lesquels n'ont point de suite par hipoteque, c'est à dire, quand ils sont hors les mains d'un debiteur, on ne les peut plus saisir ni arrêter pour ses dettes, parce que leur possession est vile & abjecte, & que cela troubleroit trop le commerce.

L'hipoteque s'aquiert par le Contrôle des Contrats & des Obligations qui excedent cinquante livres. Il se doit faire dans les quatre mois du jour du Contrat, au lieu où il a été passé, ou bien au lieu où les heritages de l'obligé sont assis.

Ce Contrôle est un dépôt public, où l'état du bien des particuliers est emploïé, par le moïen duquel on peut connoître la force ou la foiblesse de leurs facultez, afin que personne n'en puisse prétendre cause d'ignorance, pour faire valoir la régle du Droit, qui dit, *certi debemus esse conditionis eorum cum quibus contrahimus.*

Quoique le Contrôle se fasse dans les quatre mois, il y a un éfet retroactif, c'est à dire, qui revient sur ses pas, pour prendre pié comme du jour du Contrat : de sorte que tous les Contrats faits par l'obligé, qui sont intermediaires entre le jour d'un Contrat & celui du Contrôle, sont posterieurs en hipoteque.

L'Edit du Contrôle n'a point été verifié au Parlement de Paris; & comme l'on suit la Coûtume du païs où l'on contracte pour la forme exterieure des Contrats, ceux qui se font à Paris ont hipoteque en Normandie sans être contrôlez.

Les Contrats de Mariage, les partages d'heritages, les donations, les fiéfes, les échanges & les obligations faites entre Marchands, ne sont point sujettes à Contrôle non plus que tous Actes judiciaires.

Tout decret est composé de matiere & de forme.

La matiere en vertu de laquelle un decret se peut faire, est un Contrat ou Obligation autentique, c'est à dire, passée & signée de deux Tabellions, délivrée en grosse, & bien sellée & reconnuë en Justice, ou en vertu d'une dette établie sur une Sentence définitive ou sur Arrest de condamnation.

L'on peut oposer contre la matiere d'un decret, quand on a quittance de la somme que l'on demande, qu'elle est prescrite, ou qu'on la peut compenser, ou lorsque l'obligation n'est point en forme, c'est à dire, quand elle n'est point signée de deux Tabellions, ou qu'elle n'est point sellée, ou qu'elle n'est pas attestée par la grosse, ou que les Parties, Témoins ou Tabellions n'ont pas signé dans la minute.

Le tiers aquereur peut oposer pour ces mêmes causes, mais il a encor trois autres sujets d'oposition.

Le premier est, quand l'Obligation en vertu de laquelle on decrete est contrôlée depuis son aquisition; ce qui n'a pas lieu toutesfois quand le decret est requis pour la dette du défunt, laquelle est reconnuë & contrôlée par la mort.

Le second est, quand un aquereur a pris sûmission de païer les dettes anterieures de celle pour laquelle on decrete, & qu'il les a aquitées; auquel cas il peut oposer, non pour empêcher le decret, mais pour faire condamner le decretant à lui bailler caution de le faire porter à l'état du decret des dettes qu'il a païées au préjudice du treiziéme & des frais de decret.

Le troisiéme est, quand il ofre bailler d'autres terres aussi faciles à decreter à ses perils & fortunes, & qu'il baille caution au decretant de le faire porter de sa dette.

Il faut remarquer que quand un aquereur seroit bien fondé à oposer contre le decret pour les causes qu'on vient de dire, neanmoins un creancier anterieur peut demander la continuation du decret, & empêcher la distraction demandée par l'aquereur.

La procedure est, que l'oposant signifie les moïens de son oposition avec les pieces justificatives, le decretant signifie un écrit de repliques avec ses pieces; on fait sommation d'audience, sur laquelle le Juge régle les Parties sur le cham, ou il les apointe au Conseil; & s'il juge à bonne cause l'oposition, il accorde main-levée des biens, avec restitution des fruits & levées; & s'il deboute de l'oposition, il ordonne que le decret tirera outre avec dépens, comme de diligences de decret.

Il y a douze formalitez à observer dans les Decrets, cinq qui regardent l'Huissier ou Sergent qui fait les diligences du decret, & sept qui regardent le Juge devant qui le decret se passe.

La premiere qui regarde le Sergent ou l'Huissier, s'apelle la sommation de biens meubles, ou la sommation aux fins de decret.

La seconde est la saisie par decret.

Les troisiéme, quatriéme & cinquiéme, sont les trois criées, bannies ou proclamations, qui se peuvent faire quarante jours aprés la ſaiſie en roture ; & trois mois aprés la ſaiſie noble par trois Dimanches conſecutifs.

La ſixiéme qui regarde le Juge & le Sergent, eſt le record du decret.

La ſeptiéme eſt, la certification des diligences du decret.

La huitiéme eſt, l'interpoſition.

La neuviéme eſt, l'adjudication au profit commun.

La dixiéme eſt, la reception des encheres & rencheres, & adjudications au profit particulier.

La onziéme eſt, l'adjudication définitive.

Et la douziéme eſt, l'ordre & l'état des prix de l'adjudication.

La ſommation de biens meubles a été ordonnée, pour avertir un homme de vendre ſes meubles pour conſerver ſes heritages dans ſa famille.

Elle doit être faite à la perſonne ou au domicile de l'obligé ; & s'il eſt mort, il faut la faire à ſes heritiers ou l'un d'eux, & non pas au tiers aquereur : Que ſi les heritiers ſont tous mineurs, & s'ils n'ont pas de tuteur, il leur en faut faire établir un ; & s'ils en ont un, il faut le ſommer de païer, & à ſon refus, l'aſſigner pour aporter ſon abregé de comte : Le Juge lui donne tems de quinzaine pour y ſatisfaire ; & ſoit qu'il y ſatisfaſſe ou non, le Juge permet au crediteur de ſaiſir la terre des ſous-âges en decret, ſauf leur recours contre leur tuteur, s'il ſe trouve qu'il y ait des deniers entre ſes mains : Et quand il y a un des heritiers âgé, il ſufit de lui faire la ſommation, quoique les autres ſoient mineurs : Et quand l'obligé eſt abſent de la Province, & qu'il n'y a point de domicile, on fait la ſommation des biens meubles à l'iſſuë de la Meſſe Paroiſſiale des lieux où les heritages ſont ſituez : Et quand il ne ſe preſente point d'heritiers d'un obligé, on les fait apeler à ban, c'eſt à dire, par une aſſignation faite à cri public.

Pour apeller à ban, il faut prendre un Mandement du Juge, pour être permis de faire aſſigner les heritiers de l'obligé, afin de les faire condamner au païement de la demande ; à faute dequoi le crediteur ſera permis de decreter, à laquelle fin les diligences par lui faites ſur l'aſſignation à ban, vaudront de ſommation de biens meubles.

L'aſſignation doit être faite à jour de Dimanche, iſſuë de la Meſſe Paroiſſiale, en parlant à douze Paroiſſiens ou Habitans du lieu, & aficher à la principale porte de l'Egliſe ; elle ſe doit reïterer au Marché, & contenir une assignation aux quarante jours ensuivans; auquel tems le creancier se presente trois semaines aprés, il leve son défaut, il fait r'assigner les lignagers, pour sauver ou amender le défaut; & à la quinzaine suivante, il en fait juger le profit suivant les fins du Mandement.

La Sommation doit contenir cinq points essentiels.

Le premier est, que le debiteur doit être sommé de païer : Le second, de montrer biens meubles : Le troisiéme, que le creancier entend saisir ses immeubles par decret à faute de païer : Le quatriéme, bailler copies des pieces, vertu desquelles on decrete : Et le cinquiéme, de faire signer le Requerant, les Records & le Sergent, tant dans le Registre, qu'aux Exploits délivrez aux Parties.

Les procez qui peuvent arriver sur une sommation de biens meubles sont, ou sur l'oposition du decreté, ou sur la préference de saisie prétenduë par les divers creanciers.

L'oposition simple contre la sommation de biens meubles n'empêche pas régulierement la saisie par decret; car il faut toûjours conserver la chose en la mettant en la main du Roi & de la Justice : Mais quand le debiteur ofre païer en argent comtant ce qui lui est demandé, & les frais de la sommation, on ne peut pas decreter au préjudice de son ofre.

En concurrence de creanciers qui veulent tous saisir, le plus diligent est préferé; & si la diligence est égale, le plus ancien l'emporte, *ou celui qui se passe à moindre vacation.*

La sommation se peut faire à la personne de l'obligé, trouvé même hors sa maison; & un jour aprés, on peut proceder à la saisie; & dans l'an & jour de la sommation, la saisie se peut faire.

La saisie est un acte déclaratif qui se fait à l'issuë de la Messe Paroissiale à jour de Dimanche, hors le lieu saint & lieu accoûtumé à faire proclamations publiques, pour faire connoître au public le dessein qu'a le creancier de faire vendre l'heritage de son debiteur au plus ofrant, &c. afin d'être païé de sa dette sur les prix qui procederont de la vente desdits heritages.

La saisie a neuf formalitez essentielles.

La premiere, qu'elle doit être faite régulierement par le Sergent de la Querelle, c'est à dire du lieu où les heritages sont situez, & ce n'est pas qu'elle ne puisse être faite par un Huissier.

La seconde est, qu'elle doit être faite à jour de Dimanche, issuë de la Messe Paroissiale, hors le lieu saint, au lieu accoûtumé, pour faire proclamations publiques, & afichée par placard, à la principale porte de l'Eglise, afin que cet Acte soit plus connu. Il faut remarquer que le Dimanche des Rameaux, de Pâques, de Quasimodo, de la Pentecôte, de la Toussaints & de Noël, on ne peut faire de saisie.

La troisiéme est, que la saisie doit être faite pour une somme certaine, & déclarer en vertu de quelles pieces elle est faite; desquelles on doit faire lecture.

La quatriéme est, de déclarer en particulier par bouts & jouxtes la continence, situation & qualité des terres decretées, & aposer un prix certain sur chacune piece que l'on decrete en roture, & en general sur tout un fief, & faire lecture de la déclaration & des prix aposez sur chacun article.

La cinquiéme est, de déclarer que pour avoir païement de la somme demandée, on saisit la terre en la main du Roi & de la Justice, pour y demeurer saisie l'espace de quarante jours ou de trois mois, aprés lesquels il sera procedé aux criées, record, & autres diligences du decret.

La sixiéme, qu'il faut déclarer que pendant le decret, l'usufruit des heritages saisis sera régi par des Commissaires solvables.

La septiéme est, qu'il faut ofrir de bailler copie des pieces, vertu desquelles on decrete avec autant de l'exploit de la saisie.

La huitiéme est, que le Sergent doit faire signer dans l'exploit de la saisie le Requerant de l'execution, presence de trois témoins, du moins avec les deux Records ordinaires.

La neuviéme, qu'il faut établir des Commissaires à l'instant même de la saisie, & les faire signer dans le Registre du Sergent, comme ils acceptent la commission, & leur bailler de l'argent pour faire les diligences; & si les Commissaires établis refusent d'accepter la commission & de signer, on les assigne devant le Juge pour les y faire condamner.

Il faut observer que celui qu'on veut decreter empêche quelquefois par son credit, que la Messe Paroissiale ne soit celebrée à l'heure ordinaire, & qu'il la fait dire si matin, que lorsque l'Huissier ou Sergent vient pour faire la saisie, il ne trouve plus personne à l'Eglise, ou bien il empêche les témoins de signer par son autorité: Mais pour y remedier, on condamne le Curé à celebrer la Messe aux heures accoûtumées, c'est à dire à neuf heures en Eté, & dix heures en Hiver.

Le

Le decretant se fait autoriser à mener des témoins hors Paroisse, ou si les violences du decreté continuent, la Cour autorise le decretant à faire faire les diligences du decret au Marché du lieu où se tient la Jurisdiction : ce que la Cour accorde sur les Procez Verbaux des Sergens ou Huissiers qui ont été emploïez pour faire lesdites saisies.

Les personnes qui sont établies Commissaires s'en font décharger par l'âge, par l'éloignement, par leur occupation ou qualité, ou par maladie.

Par l'âge, quand ils ont soixante & dix ans.

Par éloignement, quand ils sont éloignez de deux lieuës des biens decretez.

Par leur occupation, quand ils sont chargez de trois tutelles, ou de la collection des deniers da la Taille, Oficiers du Roi, ou des Princes du Sang, parens, Creanciers ou Vassaux des decretez, ou qu'ils sont au lit malades d'une maladie perpetuelle.

Quand les Commissaires sont établis, le decretant leur doit bailler une déclaration des heritages saisis avec de l'argent, afin de faire faire les diligences necessaires pour faire passer l'usufruit des biens par adjudication; & cette somme est d'ordinaire pour les terres roturieres de six livres, & de vingt livres pour les terres nobles.

Cela fait, les Commissaires obtiennent un Mandement du Juge, pour être permis de faire deux proclamations; l'une à l'issuë de la Messe Paroissiale des lieux où les biens decretez sont situez; & l'autre au plus prochain Marché des lieux, pour faire connoître à tout le monde que l'usufruit des biens decretez se passe par adjudication : Ils doivent à cette fin en mettre déclaration bien jouxtée & bornée à la principale porte de l'Eglise & pôteau du Marché; ensuite dequoi on procede à l'adjudication de l'usufruit, au plus ofrant & dernier encherisseur.

Les Commissaires doivent prendre caution de l'Adjudicataire, non seulement pour assurer le prix de son adjudication, mais pour qu'il jouïsse des heritages decretez, comme un bon pere de famille.

Si l'Adjudicataire & sa caution sont insolvables, les Commissaires doivent porter leur insolvabilité, à moins qu'ils n'aïent interpellé le decretant de passer ou de blâmer la caution : Si les Commissaires sont insolvables, c'est au decretant d'en répondre.

Il arrive beaucoup d'obstacles & d'opositions pour empêcher l'adjudication de l'usufruit, lesquels tendent à demander distraction difinitive ou provisoire des heritages decretez.

La distraction difinitive se demande ou se peut demander, pour les droits réels ou privilegiez.

1°. La femme du decreté & ses enfans, peuvent oposer pour avoir distraction difinitive de leur tiers Coûtumier.

2°. La femme peut demander distraction des heritages non vendus, jusqu'à la concurrence de sa dot.

3°. Les sœurs du decreté peuvent demander distraction de leur legitime en essence.

4°. Celui qui a vendu l'heritage decreté, auquel est encor dû tout ou partie des prix de la vente, a un droit d'oposer pour avoir distraction des heritages, à moins que le decretant ne lui baille caution de le faire porter de son dû au préjudice des frais du decret & du treiziéme.

5°. L'aquereur anterieur de la dette pour laquelle on decrete, peut oposer pour avoir distraction difinitive de son aquisition.

La distraction provisoire, se demande par un aquereur par an & jour posterieur à la dette pour laquelle on decrete, ou par un Fermier qui tient à ferme à prix competent & sans fraude les heritages decretez.

La premiere cause de la distraction difinitive est établie sur le tiers Coûtumier de la femme & de ses enfans. Un homme decreté est réputé mort civilement par la saisie, la femme est separée d'avec lui; si bien qu'elle & ses enfans ont ouverture de demander les droits de Dot & de Doüaire, & le tiers Coûtumier, qui leur sont aquis par la Coûtume sur les biens qu'avoit le mari lors de ses épousailles, ou qui lui sont depuis échûs, en exemtion de dettes contractées par le mari depuis son mariage: Pour cela ils doivent oposer contre le decret, & communiquer au decretant le Contrat de Mariage, l'Atestation des épousailles, & les Extraits des Baptistaires des enfans.

Quand le decretant a examiné toutes ces pieces, s'il voit qu'elles soient en bonne forme, il doit regarder s'il n'y a point de dettes anterieures du mariage; auquel cas il doit soûtenir, que la femme & ses enfans doivent bailler caution de païer la tierce partie desdites dettes anterieures, & representer pour cet éfet les deniers à l'état du decret, à faute dequoi leur tiers demeurera decreté, ce qui est ainsi ordonné; & s'ils ne baillent caution, le decret tire outre, & ils ont seulement la tierce partie des prix de l'adjudication, aprés le paiement de la tierce partie des dettes anterieures.

Quand il n'y a point de dettes anterieures, on ordonne que la femme & les enfans aporteront des lots pour la liquidation de leur tiers Coûtumier; & que pour cet éfet, ils rendront en cause les aquereurs du mari s'il y en a; & cela fait, ils aportent des lots aux termes de la Coûtume, c'est à dire, qu'ils mettront les premieres alienations dans le premier lot; les secondes, dans le second; & les troisiémes ou les terres non venduës, dans le troisiéme lot, & conserveront les terres en leur entier autant que faire se poura: Cela fait, les aquereurs & le decretant choisissent deux lots, & le decretant poursuit le decret du surplus.

Pour la dot, la femme doit communiquer son Contrat de Mariage, comme il a été dit, le païement & le remplacement qui s'en est fait: La Coûtume la dispense de decreter les biens non vendus de son mari pour en être païée; & c'est pourquoi le decretant & les creanciers sont obligez de lui bailler des heritages, jusques à la concurrence de la valeur de sa dot à dûë estimation, si mieux n'aiment la lui païer en deniers comtans.

Il reste à examiner quelles contestations les decretans & les creanciers, peuvent aporter à la femme & aux enfans du decreté pour empêcher leurs droits.

La premiere est sur leur qualité, quand on dispute le mariage & la legitime des enfans.

La seconde, quand on prétend que l'alienation est faite avant le mariage celebré, en quoi il faut faire une notable diference entre le tiers Coûtumier & le Doüaire; car le premier se prend du jour du Contrat de Mariage; & l'autre ne se prend que du jour de la celebration des épousailles; de sorte que si le mari vend ses heritages entre le jour des épousailles & son Contrat de Mariage, la femme n'y a pas de doüaire, mais ses enfans y ont leur tiers Coûtumier.

La troisiéme est, que l'aquereur & le decretant peuvent blâmer les lots quand il y a inégalité, ou quand la femme ou ses enfans ont emploïé des heritages venus au mari en succession collaterale, par donation ou par aquest depuis le mariage; car elle y auroit Doüaire, & ses enfans tiers Coûtumier, s'il en avoit été saisi au tems de son mariage.

Pour la Dot, le decretant peut la contester de la maniere qui ensuit.

1°. Il faut examiner si le Contrat de Mariage a hipoteque, car s'il n'est pas reconnu dans les dix ans du jour de la celebration du Mariage, il n'a point d'hipoteque.

2°. Il faut examiner si la Dot a été païée, car si elle n'a pas été païée, la femme est obligée de s'adresser contre ceux qui la doivent; parce que toutefois s'ils étoient devenus insolvables, & que le mari eût negligé de faire païer la dot, la femme auroit son recours sur lui, *Quia negligentia mariti in exigenda dote non prœjudicat uxori.*

La troisiéme distraction compete aux sœurs du decreté pour leur legitime, surquoi il faut considerer si elles sont mariées ou non.

Si elles sont mariées, & que le mariage soit encor dû en tout ou partie, le decretant est obligé de leur bailler caution, & de les faire porter en principal & interêts, au préjudice du treiziéme & des frais du decret; & cependant l'interest du mariage se païe sur les régies, parce qu'il tient lieu d'alimens, *Quia venter dilationem non patitur*; Et si le decretant refuse de leur bailler caution, elles peuvent demander du fonds jusqu'à la concurrence de la valeur de ce qui leur est dû.

Si les filles ne sont point mariées, elles peuvent demander distraction de leur legitime en fonds, & aporter des lots avec le decretant, parce qu'il n'a pas le privilege du frere pour bailler aux sœurs leur legitime en estimation : Cela fait, les sœurs aportent des lots sur lesquels le decretant en prend deux, & laisse l'autre aux sœurs par non choix.

La quatriéme distraction compete à celui qui a vendu la terre decretée, quand son aquereur lui est encor redevable de partie ou du tout du prix de son aquisition : Car comme la terre n'apartient point à l'aquereur qu'il n'ait païé son vendeur, il est sans doute qu'on peut le decreter pour ses dettes; de sorte qu'il faut que le decretant le païe, ou lui baille caution de le faire porter à l'état, au préjudice du treiziéme & des frais du decret, ou consentir la distraction de la terre venduë : il en est de même pour un retour de lot ou rente fonciere.

Enfin l'aquereur anterieur de la dette pour laquelle on decrete, peut demander distraction difinitive; & s'il est aquereur posterieur, & qu'il ait aquitté des dettes anterieures, il peut obliger le decretant de lui bailler caution, pour le faire porter desdites dettes au préjudice du treiziéme & des frais du decret.

Les distractions provisoires & à caution, s'accordent à deux sortes de personnes.

1°. A l'aquereur par an & jour, qui porte un Contrat bien audiencé, qui peut clamer à droit de lettre lûë, auquel pour conserver sa possession, la Coûtume donne liberté de demander distraction de l'usufruit pendant le decret, en baillant caution de tenir état d'icelui à la fin du decret, à quoi il est condamnable par corps & biens : Pour cet éfet, il doit communiquer son Contrat en signifiant son oposition ; & quand la caution est baillée, il joüit, & paie l'usufruit à dûë estimation à l'état du decret.

2°. Un Fermier qui tient l'heritage à ferme avant le decret, par un Bail competent & sans fraude, peut demander distraction des heritages contenus dans son Bail, en donnant caution de païer le prix de la Ferme, quand par Justice sera ordonné.

Quand il n'y a point de distraction demandée, on passe l'usufruit par adjudication au plus ofrant ; mais s'il est passé à vil prix, les creanciers peuvent signifier une enchere & se pourvoir par Requête à la Cour, pour avoir un Arrest qui ordonne, que sur leur enchere on procedera à nouvelle adjudication en païant les frais de la première adjudication : ce que le Juge des lieux peut faire, quand l'enchere est signifiée peu de tems aprés l'adjudication.

Les Commissaires ne sont pas seulement obligez à faire passer l'usufruit des heritages saisis, mais aussi les réparations necessaires ; & quand ils sont ajugées & verifiées, le prix de l'adjudication est le premier porté au decret, dautant que par le moïen d'icelle, l'heritage a été conservé & vendu à plus haut prix, ce qui tourne à l'avantage du decreté & de ses creanciers ; mais pour bien faire lesdites réparations, il faut y proceder dans l'ordre judiciaire.

1°. Il faut prendre un Mandement du Juge, pour faire dresser Procez Verbal par un Sergent de l'état des réparations necessaires à la terre decretée ; c'est à dire, deux Couvreurs & deux Charpentiers, deux Maçons, deux Terrassiers ou Blanchisseurs, deux Vitriers, deux Serruriers, deux Planteurs de pommiers, & deux Fossoïeurs, qu'on fait assigner pour cet éfet ; & sur le Devis ou Procez Verbal qu'ils en dressent où ils doivent tous signer, on proclame les réparations.

2°. Il faut faire proclamer lesdites réparations sur le Devis ou Procez Verbal qui en a été fait, pour être passez par adjudication au rabais, aprés des proclamations qui se doivent faire à l'issuë de la Messe Paroissiale des lieux où les biens decretez sont situez, ou au plus prochain Marché du lieu ; ensuite dequoi on procede à l'adjudication devant le Juge au jour limité par la derniere proclamation ; & celui qui les met à moins, les emporte en baillant caution d'y satisfaire, & de les verifier dans un tems limité par le Juge ; c'est à dire, que les réparations faites, ils doivent convenir d'autres manœuvres que ceux qui ont été emploïées au Procez Verbal pour les visiter, afin de savoir si elles sont bien faites : La convention faite du consentement des Parties, ou de l'Ofice de Juge, on fait assigner les Experts nommez pour prêter serment ou pour mettre jour, afin de visiter lesdites réparations presence des Parties interessées ; & si elles se trouvent bien faites par le raport que les Experts en font devant le Juge, on juge que l'Adjudicataire sera païé des prix de l'adjudication ; si les réparations sont faites en fraude, on les peut empêcher ; & si elles sont jugées à un prix excessif, il peut les rabaisser avant qu'elles soient commencées.

Toute saisie par decret est annalle, neanmoins s'il y a des opositions formées dans l'an, la saisie dure jusqu'à ce que les opositions soient vuidées.

Pendant que la premiere saisie dure on n'en peut faire une seconde, quand même la premiere saisie seroit défectueuse ; car il faut la faire casser avant toutes choses, dautant que par la Coûtume, *saisie sur saisie ne vaut rien.*

Mais si un saisissant ne comprend dans son decret qu'une partie des biens de son debiteur, les autres parties peuvent l'obliger d'augmenter son decret, en lui baillant une déclaration des heritages non saisis à leurs perils & fortunes ; ce qui les oblige de défendre à toutes les opositions qui se peuvent former contre ledit decret.

Les quarante jours passez, ou bien dans l'an de la saisie, on procede aux trois criées ou bannies, qui se font dans la même forme que la saisie par trois Dimanches consecutifs, qui ne peuvent être discontinuées, à moins que l'un d'iceux ne tombât au jour de Pâques, ce qui feroit remettre la criée au lendemain. La continuation des criées ne peut être empêchée par une oposition, & par la derniere on doit déclarer précisément le jour que l'on fera le record & la certification, ce qui ne se peut faire qu'aux Pleds d'heritage ; & s'il y a discontinuation dans les criées, il faut les recommencer tout de nouveau, à moins qu'elles ne fussent interrompuës par un apel.

Quand les terres sont situées en diferentes Paroisses, il faut faire toutes les diligences en toutes les Paroisses en même tems. Mais l'on porte les originaux des pieces en l'une, & des copies collationnées du Juge & du Gréfier en l'autre Paroiſſe.

Les diligences ainſi faites par le Sergent, le decretant met les diligences avec les pieces concernantes la matiere du decret, entre les mains du Conſeiller certificateur des decrets, pour examiner ſi le decret eſt bon & valable en ſa matiere & en ſa forme, & aprés que le Sergent a recordé les diligences devant le Juge, on procede en même tems à la certification.

Le record eſt un acte par lequel le Sergent afirme devant le Juge, la Juriſdiction ſéante, qu'il a fait les diligences du decret, qu'elles ſont veritables, ce qu'il doit ſigner au pié de chaque diligence avec le Juge & le Gréfier, à peine de nullité : Le record fait on procede à la certification, qui eſt un acte confirmatif de la matiere & de la forme du decret par le Juge, le Certificateur & cinq autres Juges ; ils doivent être dénommez & ſignez dans la Sentence de certification.

Cet article eſt d'une grande importance pour les Juges ; car ils ſont garans & reſponſables de ce qui s'eſt fait au decret depuis la certification, comme le Sergent eſt garand de ce qui s'eſt fait juſqu'au jour du record ; & que ſi le decret eſt caſſé, le Sergent paie les dépens de ce qui s'eſt fait juſqu'audit jour du record, ainſi que les Juges de ce qui s'eſt fait depuis la certification.

La certification faite, le Juge ordonne qu'on procedera dans la quinzaine à l'interpoſition du decret, au préjudice de tous abſens, &c.

S'il ſe preſente quelque opoſition ou apel lors de la certification, on procede au record & certification, aux charges de l'apel ou de l'opoſition ; car ces actes ne peuvent être differez, le Sergent pouvant mourir, & s'il mouroit avant que d'avoir recordé les diligences, elles ſeroient inutiles ; mais le Juge peut, s'il le veut, diferer la certification, en attendant la vuide de l'apel & de l'opoſition : mais il n'oſeroit diferer le record, à peine de répondre de tous les dépens, dommages & interêts des Parties.

L'interpoſition ſe fait à la quinzaine ſuivante, & c'eſt un acte par lequel le Juge expoſe en vente l'heritage ſaiſi ſur un ſeul & même prix, au lieu qu'auparavant toutes les pieces étoient bannies ſur des prix ſeparez ; cet acte dépoſſede abſolument le decreté, & eſt excluſif de toutes opoſitions, ſoit pour diſtraire, debatre ou opoſer, à la réſerve des droits fonciers, comme les opoſitions qui ſe font pour les doüaires, les legitimes, le titre de Prêtre & les rentes foncieres, au préjudice desquelles le decret ne peut passer.

L'interposition faite, on procede à la quinzaine suivante à l'adjudication au profit commun, qui est un acte par lequel le Juge vend l'heritage decreté au plus ofrant, par un prix certain, à charge de le representer à l'état du decret, pour être païé aux creanciers du decreté selon l'ordre de leur hipoteque ; ce qui s'apelle le profit commun, parce qu'il se païe à tous les creanciers qui entrent en ordre, à charge de soûfrir les encheres & rencheres au profit particulier, qui se font à la quinzaine suivante.

L'adjudication au profit particulier, est une grace accordée par la Coûtume aux jeunes creanciers & aux aquereurs perdans, par laquelle ils peuvent encherir par dessus l'Adjudicataire de telles sommes qu'ils veulent, en laissant le quart de leur enchere au profit commun, parce qu'ils se font porter de leurs jeunes dettes, sur les trois autres quarts de leurs encheres au profit particulier, au préjudice des anciens creanciers : c'est pourquoi on l'apelle au profit particulier.

Cela se peut entendre par l'exemple suivante.

On vend par decret la terre de ... Pierre ... s'en rend Adjudicataire au profit commun à 20000 livres à la quinzaine suivante. Jean dernier creancier encherit ladite terre 30000 livres, dont il déclare en mettre 10000 livres à son profit particulier, si bien qu'il en revient au profit commun de tous les creanciers 2250 livres, c'est à dire les premiers 20000 livres de l'adjudication au profit commun, & la quatriéme partie des 10000 livres qui sont au profit particulier, & les 7500 livres restans sont emploïez sur les jeunes dettes de l'Adjudicataire.

Mais pour s'éjoüir du profit particulier, il faut observer plusieurs choses.

1°. Il faut que ce soient des dettes contractées anterieurement de la saisie.

2°. Les creanciers posterieurs ne peuvent pas encherir au profit particulier, parce que les biens saisis ne sont pas susceptibles de leur hipoteque.

3°. C'est que l'Adjudicataire au profit particulier, ne peut prendre des dettes jeunes par transport depuis son adjudication.

4°. C'est que s'il n'a des dettes legitimes pour remplir un profit par-

particulier, le ſurplus de l'enchere reſte au profit commun.

A la quinzaine ſuivante on procede à l'adjudication difinitive, par laquelle il eſt permis à toutes ſortes de perſonnes d'encherir la terre decretée par une ſomme, par le moïen de laquelle on couvre l'enchere au profit particulier. Par exemple, on vend par decret la terre de... Jean s'en eſt rendu Adjudicataire au profit commun à 20000 livres, & Titius l'encherit au profit particulier à 30000 livres. Jean l'encherit difinitivement à 23000 livres, Titius peut diminuer ſon profit particulier, & le convertir au profit commun, juſqu'à ce qu'il ſoit entierement conſommé; car c'eſt une maxime, que le profit commun emporte toûjours le profit particulier.

Il faut obſerver que l'adjudication au profit commun étant faite, il en faut demeurer là, s'il n'y a des encheres au profit particulier; car c'eſt cela qui donne ouverture à l'adjudication difinitive, & l'Adjudicataire au profit commun doit tenir état du prix de ſon enchere aux deux Pleds d'heritages en rotures, & en nobles aux prochaines Aſſiſes: La raiſon de la diference eſt, qu'aprés l'adjudication au profit commun, on attend la reception des encheres au profit particulier, mais aprés l'adjudication difinitive, il n'y a plus rien à eſperer que l'état.

L'ordre ou l'état eſt le païement que l'Adjudicataire fait des prix de ſon adjudication, pour être diſtribué par le Juge aux Creanciers opoſans, ſelon l'ordre de leurs hipoteques ou de leurs privileges.

1°. Il faut remarquer que ſi l'Adjudicataire ne repreſente des deniers aux jours de l'état, ou un brevet de conſignation, on rebannit l'heritage decreté à ſa folle enchere; c'eſt à dire, que ſi elle va à moins, le premier Adjudicataire eſt condamné par corps à fournir le ſurplus, & aux interêts des deniers dûs aux Creanciers: on fait pour cela une bannie d'abondant à l'iſſuë de la Meſſe Paroiſſiale du lieu qui ſe doit recorder, & non certifier.

Il y a cinq parties dans l'état ou l'ordre des Decrets.

La premiere eſt la défalcation que prend l'adjudicataire des charges réelles & foncieres, comme ſervitudes & rentes foncieres, des rentes Seigneuriales, comme rentes, Prevôtez receveuſes, & non tournoïantes, corvées & bannalitez, treiziémes & conſignations.

La ſeconde, ſont les frais du decret qu'il prend en privilege, dautant que le decret eſt fait pour le profit de tous les Creanciers.

La troiſiéme eſt la collocation des dettes privilegiées, qui procedent de legitime de filles, de retour de lot ou d'argent dû pour la vente de la terre decretée.

La quatriéme est, la collocation des dettes hipotecaires selon leur ordre, suivant la régle de droit, *Qui prior est in tempore, potior est in jure.*

La cinquiéme, sont les taxes des Juges qui doivent être en Bailliage par heure, de trente sols, & de vingt sols en Vicomté, où il ne doit y avoir que sept Juges.

Pour obtenir les défalcations, l'Adjudicataire doit justifier les charges foncieres par les Contrats, & les rentes Seigneuriales par des Aveux : Cela se fait à dûë estimation, & on fait une apretiation des rentes Seigneuriales dûës en Blez, pour le prix des cinq dernieres années, sur le pié de l'apretiation qui se met au Gréfe par les Maîtres Jurez Boulengers.

Pour faire cette apretiation, on assemble les cinq années en une, & une de ces cinq années fait le prix commun. Par exemple, le Blé a valu la premiere année vingt sols, la seconde trente sols, la troisiéme quarante sols, la quatriéme cinquante sols, & la cinquiéme soixante sols; cela fait dix livres, dont la cinquiéme partie fait quarante sols, qui fait le prix commun de toutes les années.

Il faut savoir que tous les Creanciers doivent avoir, lors de l'état, les Originaux de leurs pieces, faute dequoi ils sont deboutez.

Régulierement il faloit se presenter au decret avant l'état, mais il sufit de s'y presenter quand il y a encor des deniers à défalquer, quoique l'état soit ouvert.

Quoique nous aïons dit que l'Adjudicataire doit representer des deniers pour tenir état, il peut néanmoins tenir état en papier quand il a de bonnes dettes, & des plus anciennes, en païant les treiziémes, les consignations & les frais de l'état; mais il faut qu'il mette quinze jours avant l'état ses pieces au Gréfe, pour être vûës par les Creanciers.

Il faut aussi remarquer que la régle de droit qui dit, *Que le plus ancien creancier est le premier porté*, soûfre des exceptions.

La premiere, que les dettes du pere sont portées au préjudice de celles du fils sur la succession paternelle, quoique les dettes du pere soient plus jeunes que celles du fils; parce que le fils n'a rien à la succession, qu'il n'ait païé les dettes.

La seconde est, que quand on decrete une terre sur un aquereur pour sa dette, les Creanciers du vendeur anterieurs de la vente, ſont païez avant ceux de l'aquereur.

La troiſiéme eſt, quand il y a un défaut de formalité, comme quand un Contrat n'eſt pas ſigné ſuivant l'Ordonnance dans la minute ou dans la groſſe, ou qu'il n'eſt pas contrôlé.

La quatriéme eſt, quand un Creancier anterieur eſt heritier du debiteur ou ſa caution, ou lorſqu'un Tabellion qui eſt creancier d'un homme reçoit un Contrat ſans déclarer ſon hipoteque à celui qui contracte avec lui ; ce qui ſe fait, *propter perfidiam*.

Il y a encor d'autres decrets qu'il eſt neceſſaire d'expliquer, pour faire connoître la diference des decrets qui ſe font de toutes ſortes de biens immeubles.

Le premier decret eſt des Terres nobles ou Ofices : Le ſecond, des rentes : Le troiſiéme, des bâteaux : Le quatriéme, du bien des mineurs : Le cinquiéme, du bien des abſens.

Quand on fait ſaiſir un fief ou un bien noble, il faut mettre un prix ſur toutes les parties du fief, & non pas ſur chacune piece ; parce que le fief eſt un corps indiviſible qui ne ſe peut ſeparer, comme nous avons dit ſur les Titres des Fiefs. Il faut emploïer dans la ſaiſie, ou bien dans les criées où le fief s'étend : Et ſi le corps du fief eſt ſitué dans une Paroiſſe, & le Manoir ſeigneurial dans une autre, il faut faire la ſaiſie aux deux Paroiſſes ; & ſi elles ſont trop éloignées l'une de l'autre, & qu'il faille de diferens Sergens, on porte les Originaux dans une Paroiſſe, & des Copies collationnées par un Tabellion, Notaire ou Gréfier dans l'autre.

Mais comme la déclaration du fief eſt dificile à trouver, car il faut y expoſer le nombre, la quantité & qualité des pieces de terres qui compoſent le domaine non fiéfé, le decretant doit mettre la déclaration telle qu'il la peut trouver au Gréfe, & aſſigner le decreté pour l'avoüer ou conteſter ; & ſi quarante jours aprés il ne l'avouë ou la conteſte, elle paſſe pour conſtante à ſon préjudice.

Si toutefois il y a de l'ômiſſion, les biens ômis dans icelle demeurent au decreté, à charge de tenir du fief ; à la réſerve que ſi le decreté les vend, il n'en paie pas le treiziéme pour la premiere fois.

Cependant l'Adjudicataire peut les retenir entre ſes mains, en païant aux Creanciers revalidez l'eſtimation au denier vingt, auquel cas la terre ômiſe eſt reünie au fief : Si le Seigneur n'uſe pas de ce droit, il la peut retirer quand elle eſt venduë au préjudice de tous heritiers & lignagers.

La Terre Noble saisie demeure trois mois avant que l'on puisse proceder aux criées, à la diference des terres roturieres qui n'y sont que quarante jours; ensuite on fait des criées comme en roture, l'on procede au record, certification à la prochaine Assise d'aprés la derniere criée : car toutes les diligences des Terres Nobles ne se font que d'Assise en Assise.

Il y a encor une autre diference entre ce decret & celui des rotures, qui est qu'aprés la certification des Terres Nobles, on procede à l'interposition & adjudication au profit commun à l'Assise suivante; au lieu qu'en roture, ce sont deux Actes distincts & separez, qui se font à deux diferens jours : Et s'il y a des terres roturieres decretées avec le noble, on les decrete de même que le noble, à la réserve qu'il faut mettre un prix separé sur chacune piece. Le reste du decret se fait comme en terre roturiere.

Le decret des Ofices hereditaires, comme des Sergens, Notaires, Procureurs & Gréfiers, Receveurs, Huissiers, se fait comme d'une Terre Noble, & les diligences s'en font dans le principal lieu de l'exercice. Mais si c'est un Ofice où il y ait Jurisdiction, elle se licite, c'est à dire se vend à la Barre du Palais; & voici comme cela se fait.

On presente une Requête à la Cour pour être permis de decreter l'Ofice; la Cour ordonne, que l'Oficier sera assigné pour savoir s'il y a des défenses ou non.

La Cour ordonne un tems de païer de six mois, aprés lesquels s'il ne païe, on proclame à Roüen, & sur les lieux la licitation de l'Ofice par trois jours de Dimanche; & ensuite on ajuge l'Ofice, & l'on tient état des prix d'icelui à la Cour, lequel vaut de procuration *ad resignandum*.

Celui qui saisit un Ofice doit veillêr à deux choses : La premiere, à païer le droit annuel, pour empêcher que l'Oficier ne meure en perte d'Ofice : La seconde, à faire arrêter les gages attribuez à l'Ofice s'il y en a, autrement le decretant en seroit responsable.

Le decret d'une rente hipoteque ou fonciere, se fait au lieu du domicile du debiteur de la rente, en la même forme que celui des terres roturieres, hors qu'on ne la bannit que sur un prix, & que le Contrat de constitution vaut de déclaration.

Les Bâteaux & Navires peuvent être saisis en decret sur les Quais où ils sont arrêtez : La saisie s'en peut faire à quelque jour que ce soit; & sans attendre quarante jours, on fait trois criées par trois Dimanches consecutifs, à l'issuë de la Messe Paroissiale du lieu le plus proche où sont situez les Bâteaux, & aux Quais ou Havres où ils sont arrêtez à jour & semaine; & les diligences faites aprés un simple record, on procede sans certification à l'interposition, & ensuite de huitaine en huitaine aux autres diligences.

Pour le decret des biens des mineurs, il ne se peut faire que l'on n'ait sommé le Tuteur de païement, & d'aporter son abregé de comte : S'il n'y satisfait pas dans quinze jours, le creancier procede à la saisie; & s'il aporte son abregé de comte, & qu'il donne de l'argent, il doit païer dans la quinzaine, faute dequoi on peut saisir, sauf la récompense des mineurs sur le Tuteur : Le reste des diligences est semblable aux autres decrets.

Le dernier decret est contre l'absent, ou les heritiers d'un homme qui ne paroît point, il se fait au regard des heritiers.

On prend un Mandement du Juge pour être permis faire apeller à baon les heritiers de... Cela fait, le Sergent va au domicile du défunt, & au voisinage faire perquisition s'il n'y a point de personnes qui se veulent titrer heritiers; & en cas qu'il en trouve, il les assigne à jour competent, pour déclarer s'ils veulent prendre ou abandonner la succession; & s'il n'en treuve point, il doit les assigner en parlant aux voisins, & à ceux qu'il trouve dans la maison, & à l'issuë de la Messe Paroissiale des lieux, où le défunt étoit résident aux quarante jours ensuivant le dernier Exploit, aprés lequel tems expiré on prend les défauts, suivant l'Ordonnance, pour aquerir la coûtumace, pour le benefice de laquelle on permet aux Creanciers de saisir, à laquelle fin on ordonne que les diligences faites sur la coûtumace vaudront de sommation en decret : Le reste de la saisie se fait dans les formes ordinaires. Et si c'est un homme absent ou domicilié hors Normandie, la sommation se fait à l'issuë de la Messe Paroissiale dans les quarante jours, & se poursuit comme la précedente : Le surplus desdits decrets se fait en la forme ordinaire.

Il faut observer que quand la saisie & les trois criées ont été discontinuées par an & jour, le decret est nul, & il faut recommencer tout de nouveau; mais quand la certification est faite, on le peut poursuivre dans trois ans, en faisant une criée d'abondant : Mais s'il y a eu apel du decret & Arrest de confirmation, le decret se peut poursuivre dans trente ans.

Le decret a deux éfets, l'un translatif de proprieté, l'autre purgatif de toutes les dettes du decreté ; ensorte que l'on ne peut plus decreter les mêmes terres pour les dettes du decreté.

Il est translatif de proprieté, parce que c'est une vente judiciaire établie par la Coûtume, qui est un moïen legitime d'aquerir.

Il est purgatif de toutes les dettes du decreté, parce que tous les Creanciers sont avertis de s'y presenter ; & aprés des publications si celebres, ils ne peuvent plus prétendre d'hipoteques sur le fonds de leur obligé, & dix ans aprés la perfection d'un decret, l'Adjudicataire n'est plus obligé de representer les diligences, qui aprés ce tems, passent pour constantes telles qu'elles sont énoncées dans l'adjudication, *quia per diuturnitatem temporum commemoratio solemnitatum probat veritatem*.

Cette régle soûfre toutefois plusieurs exceptions.

1°. Le decret n'est point au préjudice du tiers Coûtumier, ni du Doüaire.

2°. De la legitime des filles.

3°. Des rentes Seigneuriales & foncieres.

4°. Des titres des Prêtres, mais on perd les arrerages jusqu'au jour qu'on se presente. Et comme cela donne lieu à l'Adjudicataire de prendre des diminutions sur le prix de son adjudication, il a lieu de faire revenir les derniers emportans deniers pour raporter ce qu'ils ont touché, jusqu'à la concurrence des droits fonciers qui sont demandez : Et un Adjudicataire bien prudent, qui prévient que l'on demandera ces sortes de droits, doit obliger les derniers emportans deniers de bailler caution de raporter si faire se doit.

Il est de l'ordre de faire tenir l'état de l'usufruit du bien du decreté, auparavant que de tenir état du prix de l'adjudication du principal du decret ; mais si cela ne se peut faire commodément, on baille des executoires aux Creanciers revalidez sur les Fermiers judiciaires, qui comme les Adjudicataires sont prenables par corps & biens.

Les frais du decret se prennent comme s'ensuit.

Les frais du principal du decret se prennent sur le prix de l'adjudication en privilege, parce que le decretant est le Procureur commun de tous les Creanciers, & qu'il a travaillé pour les faire païer.

Les frais & dépens des Commissaires ou des réparations, se païent sur le prix du Bail judiciaire en privilege.

Il faut observer que quand il y a des opositions contre un decret, & des apellations, les dépens sont ajugez au decretant en privilege,

& que les Creanciers revalidez ont leur récompenſe deſdits dépens par corps & biens ſur ceux qui avoient opoſé ou apellé.

Les autres dépens des procez n'ont point d'autres privileges que du jour de l'introduction.

Tous les decrets réguliérement pouroient paſſer devant les Juges ordinaires : Mais par Arreſt du Conſeil les Ofices d'Election ſe decretent en la Cour des Aides, ou en l'Election, comme pour les Huiſſiers, Gréfiers ou Receveurs.

En traitant des états des prix de la vente des terres, il étoit à propos de parler de la vente des meubles, de l'état des deniers qui en proviennent, & de l'ordre qui ſe tient entre les Creanciers.

C'eſt une régle generale à Paris, que le premier arrêtant ſur les meubles, eſt le premier porté par une eſpece de récompenſe qu'on donne à ſa diligence en privilege, & le ſurplus eſt diſtribué aux Creanciers ; mais en Normandie cette régle n'a point de lieu, car le premier arrêtant n'a que les dépens de ſa diligence en privilege, & le ſurplus eſt diſtribué aux Creanciers ſelon l'ordre de leurs hipoteques ou privileges.

Il faut auſſi remarquer qu'il y a des dettes privilegiées ſur les meubles, qui ne tirent pas leur force du tems, mais de leur cauſe, & qui ſont païées au préjudice des autres Creanciers, & même anterieurs.

Les premiers Creanciers ſont les Apoticaires, Medecins & Chirurgiens.

Les ſeconds, ſont les Boulengers & Bouchers.

Les troiſiémes, les Proprietaires pour les loïers des Maiſons & des Terres.

Les quatriémes, les Serviteurs pour leurs gages.

Les cinquiémes, les frais funeraux.

Les ſixiémes, les Marchands pour leurs Marchandiſes qu'ils trouvent en eſſence, & dont le prix eſt encor dû : Tous ces Creanciers ont privilege ſur les meubles, & non ſur les immeubles.

Il faut auſſi ſe ſouvenir de ce que nous avons dit ci-deſſus, que les meubles n'avoient point de ſuite, & que quand ils étoient ſortis hors les mains du debiteur, l'on ne pouvoit plus les arrêter. Il faut ajoûter que quelquefois les deniers d'un debiteur ſont amobiliez par trois moïens, aprés quoi l'on ne peut plus les arrêter pour ſes dettes.

Le premier eſt par le tranſport à un tiers, & la ſignification dudit tranſport : le ſecond, par la délegation ; & le troiſiéme, par une Sentence de condamnation, qui ajuge des deniers ſur un Arreſt.

Le premier arrive quand une perſonne tranſporte un denier qui lui eſt dû, à un particulier; lorſque le particulier a fait ſignifier ſon Arreſt au debiteur du denier tranſporté, on ne peut plus l'arrêter pour la dette de celui qui l'a tranſporté, parce que c'eſt un denier amobilié, qui n'a plus de ſuite par hipoteque; & cela a été introduit pour la facilité du commerce.

La délegation ſe fait quand un homme en loüant ſon heritage, deſtine les prix à un de ſes Creanciers, qui ne peuvent être arrêtez par un plus ancien, quand les fruits ſont faits meubles, c'eſt à dire aprés la récolte, quoique les prix du Bail tombent long-tems aprés.

La Sentence de condamnation, eſt quand un homme arrête un denier dû à ſon obligé: s'il obtient une Sentence qui lui ajuge le denier, il eſt amobilié à ſon benefice, & il ne peut plus être arrêté pour la dette de ſon obligé.

TITRE

TITRE XXIII.

DE VARECH.

LE droit de Varech appartient au Seigneur, & lui aquert les choses que l'eau jette à terre par fortune ou tourmente de la mer, ou qui se trouvent égarées dans son fief, quand dans l'an & jour personne ne se presente pour reclamer.

Varech, se dit du mot de *Varais*, qui signifie en langue Angloise, *Suc Marin*, dont les Riverains de la mer se servent pour engraisser leurs terres ; & delà on a pris occasion d'appeller Varech, ce qui vient sur le bord de la mer par fortune ou tourmente de la mer. Quand donc un Vaisseau s'échouë sur la mer & qu'il n'y a personne dedans, la garde en appartient au Seigneur du fief sur lequel il est trouvé, sans qu'il y puisse rien enlever ni diminuer jusqu'à ce qu'il ait été vû par la Justice du Roy, c'est-à-dire, par les Officiers de l'Amirauté qui le doivent visiter & en dresser procez verbal, pour ensuite le laisser en la garde du Seigneur du fief, ou en son absence à son Receveur ou à personne solvable, pour le garder par an & jour : & si les choses qui sont dans le Vaisseau ne se peuvent garder sans empirer, elles doivent être venduës par autorité de Justice, en retenant une marque ou échantillon d'icelles pour en faciliter la reconnoissance, & le prix procedant de la vente, est baillé en garde au Seigneur, à ses Receveurs ou à personne solvable.

Si dans l'an & jour le Varech est reclamé par personnes qui

faſſent connoître qu'il leur appartient, il leur doit être rendu en payant les frais de la garde, ſuivant qu'il ſera ordonné par Juſtice.; & s'il ne ſe preſente aucune perſonne dans l'an & jour qui le reclame, il eſt inconteſtablement aquis au Seigneur.

Toute ſorte de Varech n'appartient pas au Seigneur; car il y en a qui appartient au Roy à ſon excluſion, comme l'or & l'argent monnoyé ou en maſſe qui excede vingt livres, chevaux de ſervices, francs-chiens, oiſeaux, yvoire, corail, pierreries, écarlate, verd de gris & les peaux zebelines qui ne ſont point encore appropriées à aucun uſage d'homme, les trouſſeaux de draps entiers, lits, & tous les draps de ſoye entiers, & tout le poiſſon royal, qui de luy vient en terre ſans aide d'homme, en quoy n'eſt compris la baleine, & toutes les autres appartiennent au Seigneur du fief.

Le Seigneur n'a pas ſeulement le Varech, mais les choſes gaïves, c'eſt-à-dire, abandonnées ou égarées, qui autrement s'appellent eſpaves, qui ne ſont appropriées à aucun uſage d'homme, & qui doivent être gardées par an & jour, & renduës à ceux qui feront preuve qu'elles leur appartiennent dans ledit tems : La garde en appartient au Seigneur, & nul autre que lui, ne les peut retenir plus de ſept jours ſans les rendre aux Seigneurs à qui elles appartiennent, à peine de l'amende.

On peut reclamer les choſes gaïves dans l'an & jour, & prouver qu'elles appartiennent à celui qui les reclame; autrement aprés ledit tems paſſé, elles appartiennent au Seigneur.

TITRE XXIV.

DE SERVITUDES.

LA Servitude se définit comme dans le Droit Romain, un droit incorporel attaché sur un fonds, par lequel le même fonds sert à un autre fonds, appartenant à un autre proprietaire.

La servitude, soit rustique ou urbaine, ne s'aquert point par la longueur du temps, mais elle s'aquert par un titre suivi de possession; au lieu que la liberté d'une servitude se peut aquerir par quarante ans continuels.

Cette régle generale cesse dans les Aqueducs, dont l'usage est continuel, parce que la possession n'en est jamais interrompuë.

C'est une maxime, que toute terre est présumée libre, s'il n'aparoît d'un titre qui l'assujettisse à une servitude, & que cette liberté donne lieu de bâtir si haut & si bas que l'on veut, s'il n'y a titre au contraire, par la régle, *cujus est solum, ejus est cælum, cujus est solum, ejus est centrum.*

Mais cette régle generale soûfre une exception entre coheritiers ou associez, quand ils ont partagé des maisons, & autant que les vûës & égouts demeurent en l'état qu'ils étoient, si par les lots & partages il n'est expressément dit au contraire : Et quand quelqu'un met un heritage hors ses mains, ou bien une maison, il y doit retenir les servitudes qu'il y prétend, autrement l'heritage demeure libre à son préjudice, & la maison qu'il retient demeure en l'état qu'elle étoit lorsqu'il la vendit.

Dans les Villes & dans le partage des maisons, il arrive souvent que beaucoup de choses demeurent communes par la commodité des interressez, comme les murailles & les puits, les roteurs & les fontaines; c'est pourquoi il nous faut expliquer les marques qui rendent un mur metoïen, ce que chacun des proprietaires y peut faire & n'y peut pas faire; & nous finirons en expliquant la maniere dont s'aquierent les servitudes.

1°. Les marques d'un mur metoïen sont, quand il a des armoires, fenêtres ou corbeaux des deux côtez du mur; & s'il n'y en a que d'un côté, le mur est censé appartenir à celui du côté duquel elles sont bâties; & s'il n'y a aucunes marques, & que le mur porte également les édifices des voisins, il est censé commun.

2° C'est que l'on peut s'aider du mur metoïen pour asseoir des poutres & des sommiers, des courges & des consoles des cheminées à fleur dudit mur; & en édifiant le canal de la cheminée, il faut laisser la moitié dudit mur entier, & quatre pouces en outre pour servir de contre feu, parce qu'il ne pourra mettre de sommiers à l'endroit de l'ancienne cheminée; il peut aussi prendre la moitié dudit mur pour hausser son bâtiment, pourvû qu'il soit assez fort pour le supporter; il peut faire bâtir des chambres aisées ou citernes contre un mur métoyen, ou en y faisant bâtir un contre mur de trois pieds d'épais en bas & au dessous du ras de terre à pierre, chaux & sable autour de la fosse destinée ausdites chambres ou citernes.

Il peut aussi faire une forge, four ou fourneau, en laissant un demi pied de vuide entre le mur & le four ou la forge qui doit être de pierre de brique moüaillon.

3° C'est qu'on ne peut faire de vûë ni d'égouts dans le mur métoyen sans l'accord & consentement de tous les interressez.

4° C'est quand un homme a un mur joignant l'heritage d'autrui, il ne peut y avoir fenêtres, lumieres ou vûës qu'à sept pieds de haut, le tout ferré & vitré sans qu'il puisse ouvrir, ni que cela puisse préjudicier son voisin de bâtir contre, s'il n'y a titre au contraire.

5° Il est loisible à un voisin de contraindre par Justice son voisin à contribuer à la réparation du mur metoyen qui menace ruine, ou à y renoncer; & s'il n'est métoyen, le proprietaire peut être contraint à le red resser ou l'abattre.

6° C'est que quand un puits est commun, & qu'il est dans une cour, le proprietaire peut faire clorre la cour de muraille en laissant à ſes coheritiers une clef, des ſerrures, des portes qui ferment la cour pour leur uſage; & cette ſervitude ne peut être poſſedée que par ceux qui poſſedent les heritages auſquels elle eſt dûë.

Comme les principales ſervitudes ſont pour les chemins, il faut ſçavoir qu'il y a chemin royal & chemin vicinal.

Le chemin royal eſt celuy qui va de Bourg en Ville, & qui doit avoir quatre toiſes, c'eſt-à-dire, vingt-quatre pieds: Ceux qui poſſedent des terres proche les grands chemins, ſont obligez de les faire réparer.

Les chemins vicinaux ſont ceux qui vont de Village en Village, & qui doivent être de telle largeur, que deux charettes s'y rencontrant, puiſſent paſſer à côté l'une de l'autre.

Il y a des chemins pour faire valoir des terres qui ſe font *ex collatione agrorum;* Mais ce n'eſt pas au proprietaire à les reparer, ains à celui qui a la ſervitude, parce que le proprietaire du fonds, *tenetur tantum præſtare patientiam.*

La conſtitution des ſervitudes eſt volontaire ou forcée.

La volontaire ſe fait par un contrat dans lequel un proprietaire conſtituë une ſervitude ſur ſon fonds au profit de ſon voiſin au moyen d'une ſomme qu'on luy donne; ou bien elle ſe fait encore quand des coheritiers ou des aſſociez en partageant, ſtipulent que les eaux, vûës & chemins demeureront en commun, comme d'ancienneté, & qu'un lot portera l'autre, ou que porter ne ſe pourra.

La forcée eſt quand un homme n'a point de chemin pour faire valoir ſa terre, & qu'il eſt trop incommodé & éloigné; en ce cas il peut contraindre ſon voiſin par Juſtice de lui bailler un chemin ſur ſon fonds au moins de dommage faiſant, en luy payant à dûë eſtimation, *quia intereſt reipublicæ ne jugera terræ inculta remaneant.*

FIN.

TABLE
DES PRINCIPALES MATIERES, ſur l'Eſprit de la Coûtume de Normandie.

A

C

E

F

I

L

M

N

O

P

Q

R

V

Fin de la Table des Matieres.

www.ingramcontent.com/pod-product-compliance
Ingram Content Group UK Ltd.
Pitfield, Milton Keynes, MK11 3LW, UK
UKHW022055260726
13993UKWH00001B/137